JOE VITALE

EL SECRETO
PARA ATRAER DINERO

Un sistema espiritual práctico
para la abundancia y la prosperidad

EDICIONES OBELISCO

Si este libro le ha interesado y desea que le mantengamos informado
de nuestras publicaciones, escríbanos indicándonos qué temas son de su interés
(Astrología, Autoayuda, Psicología, Artes Marciales, Naturismo,
Espiritualidad, Tradición…) y gustosamente le complaceremos.

Puede consultar nuestro catálogo en www.edicionesobelisco.com

Colección Éxito
EL SECRETO PARA ATRAER DINERO
Joe Vitale

1.ª edición: octubre 2022

Título original: *The Secret to Attracting Money*

Traducción: *Jordi Font*
Corrección: *M.ª Jesús Rodríguez*
Diseño de cubierta: *Enrique Iborra*

© 2020, Joe Vitale
Título publicado por acuerdo con Waterside Productions Inc.,
a través de Yáñez, parte de International Editors'Co. Lit. Ag. S.L.
(Reservados todos los derechos)
© 2022, Ediciones Obelisco, S.L.
(Reservados los derechos para la presente edición)

Edita: Ediciones Obelisco, S.L.
Collita, 23-25. Pol. Ind. Molí de la Bastida
08191 Rubí - Barcelona - España
Tel. 93 309 85 25
E-mail: info@edicionesobelisco.com

ISBN: 978-84-9111-910-4
Depósito Legal: B-16.073-2022

Impreso en los talleres gráficos de Romanyà/Valls S.A.
Verdaguer, 1 - 08786 Capellades - Barcelona

Printed in Spain

PRÓLOGO

¿Te gustaría atraer más dinero a tu vida? Por supuesto que sí. Ésta es una pregunta sencilla de responder, pero ¿te has dado cuenta de que la solución puede ser igual de sencilla? Independientemente del estado de la economía o de cualquier otra cosa que pase, la respuesta está dentro de ti. Es tan sólo cuestión de eliminar los bloqueos que te impiden atraer dinero, y en cantidad.

En este nuevo y poderoso libro, el Dr. Joe Vitale combina lo mejor de lo práctico y lo espiritual para revelar un nuevo sistema para atraer dinero que te mostrará cómo descubrir la programación que provoca carencias en tu vida y cómo deshacerte de ella. También te mostrará cómo reescribir esta programación para atraer riquezas.

Basado en principios espirituales que funcionan en el mundo material, el persuasivo libro de Joe te enseñará cómo atraer dinero fácilmente de una manera sana, feliz y fácil. Joe te enseñará a idear un negocio que se ajuste a tu propósito principal; también revelará un nuevo concepto revolucionario y poderoso en marketing.

Tanto si eres un seguidor de Joe desde hace mucho tiempo como si lo estás descubriendo por primera vez, te sentirás gratamente sorprendido cuando Joe te enseñe el secreto para atraer dinero como sólo él puede hacerlo.

UNO
SIETE PUNTOS CLAVE
SOBRE EL DINERO

El secreto para atraer dinero es diferente a todo lo que hayas oído antes. Ciertamente, hay libros que hablan sobre inversiones, inmuebles y maneras de equilibrar los números financieros. Este libro no va de eso. Hay libros que hablan del lado espiritual del dinero. Este libro tampoco va de eso. Este libro combina lo práctico y lo espiritual para ayudarte a atraer dinero de manera fácil y sin esfuerzo.

Sé que esto funciona, porque lo he estado haciendo durante más de treinta años. En un momento de mi vida, no tenía dónde dormir; de ahí pasé a la pobreza; de ahí, pasé a tener que luchar y esforzarme; de ahí pasé a prosperar; y de allí, pasé a un nivel de abundancia, prosperidad y lujo que sería difícil de imaginar para la mayoría de las personas.

Así pues, ¿cómo pasa alguien de ser un sintecho a convertirse en un autor de superventas y multimillonario? ¿Alguien que ha aparecido en numerosas películas y programas de televisión, y tiene productos de audio y de DVD, así como una gran cantidad de otros recursos de los que la gente está aprendiendo?

Todo esto ha sucedido gracias al hecho de conocer el secreto para atraer dinero. Eso es lo que voy a revelar aquí. He pasado de ser un desconocido a un autor de más de treinta libros. He producido y he sacado provecho de mucho material, y lo he hecho conociendo el secreto para atraer dinero.

Hace años, cuando era un sintecho que vagaba por las calles de Dallas, no tenía ni idea de cómo atraer dinero, pero sí tenía un deseo.

Quería ser un escritor. Deseaba escribir libros que inspiraran a las personas y que marcaran una diferencia en sus vidas. Tenía un objetivo noble (como quizá lo puedas tener tú), pero no sabía cómo atraer dinero para hacerlo realidad.

Tuve que aprender por las malas. Tuve que trabajar en mí mismo. Me vi obligado a leer los diferentes libros que había en el mercado y desarrollar mi propio enfoque de dentro hacia fuera para atraer dinero. Gracias a ello, la vida se ha convertido paso a paso en una increíble experiencia de asombro tras asombro.

Todo esto también está a tu disposición. Con este libro que tienes entre las manos, has conseguido treinta años de sabiduría destilada, de los cuales recogerás los beneficios.

Necesito que seas consciente de una cosa: de tu forma de pensar. A medida que leas este libro, tu mente lo irá juzgando, así como me irá juzgando a mí y a todos los conceptos y secretos que comparto contigo. Debes ser consciente de esto, porque es parte del secreto para atraer dinero. La mayoría de nosotros tenemos una mentalidad negativa: miramos las cosas con la expectativa de que *no* van a ir bien. Así que te voy a invitar a jugar a un juego llamado «¿Y si funciona?», creado por Mendhi Audlin.[1]

La mayoría de nuestros procesos mentales nos llevan a preguntarnos: «¿Y si no funciona?». Por ejemplo, es probable que mientras lees estas líneas, estés pensando: «¿Y si este libro es horrible? ¿Qué pasa si Joe no me aporta la información que necesito? ¿Qué pasa si, en realidad, no me ayuda a atraer dinero? ¿Qué pasa si resulta una pérdida de tiempo, una pérdida de dinero, una pérdida de mi inversión y energía? ¿Qué pasa si no funciona?».

Éste es el pensamiento: «¿Y si va mal?». Dicho pensamiento hará que tu mente vaya en una dirección negativa y encontrarás motivos para que el programa no funcione.

El juego «¿Y si funciona?» va en la dirección contraria. Debes formularte preguntas como: «¿Y si éste es el libro que realmente cambia mi vida? ¿Y si éste es el libro que de verdad me ayuda a atraer dinero?

---

1. Puedes encontrar más información sobre este movimiento («¿What if UP?») en su página oficial: www.whatifup.com. *(N. del T)*

¿Y si es el libro que me saca de la ruina? ¿Y si me ayuda a ser financieramente libre? ¿Y si me entusiasma tanto que lo leo una vez tras otra porque me hace sentir fantásticamente bien? ¿Y si se convierte en la mejor inversión de mi vida?».

Fíjate en cómo te sientes. Probablemente estés entusiasmado tan sólo por estar jugando a este juego en tu propia cabeza. Esto es parte de lo que necesito enseñarte, porque el secreto para atraer dinero tiene mucho más que ver con tu interior que con el exterior. Son demasiadas las personas que entregan su poder a la economía, a sus trabajos, a lo que sea que les digan los medios de comunicación. Pero el verdadero poder está en ti, en tu mentalidad.

Jugando al «¿Y si funciona?», que es una manera positiva de dirigir tu mente, empiezas a esperar algo diferente. Esperas que este libro te aporte toda la información que necesitas para atraer dinero de manera fácil y sin esfuerzo, comenzando hoy mismo, ahora.

Cuando tienes una expectativa, enciendes tu radar mental para encontrar toda la información, todos los hechos, para apoyar esa creencia. Si esperas que algo no funcione, mirarás a tu alrededor y encontrarás todas las evidencias de que no funcionará. En realidad, tus expectativas están creando tu realidad.

Todo se reduce a tu mentalidad. Te invito a que tengas una mentalidad de éxito. Te invito a que tengas la mentalidad de que estos secretos cambiarán tu relación con el dinero para atraerlo ahora mismo. Éste es tu toque de atención. Éste es el Santo Grial que has estado buscando. Ésta es la información que realmente inyectará dinero a tu vida al eliminar todos los bloqueos internos que han impedido siempre que llegara a tu vida.

¿Por qué deberías estar leyendo este libro ahora mismo? En primer lugar, si piensas en la historia, verás que siempre ha habido recesiones, depresiones, tiempos duros. Si examinas la historia de cualquier país, encuentras que hay altibajos; a veces la gente experimenta prosperidad, mientras que otras veces, todo lo contrario.

Puedes quedarte atrapado en este pensamiento si no permaneces despierto y consciente. Quiero que estés despierto y al tanto. Quiero que estés alerta ante la idea de que tu fuente de poder se encuentra realmente dentro de ti. No se halla en los medios de comunicación, ni en la economía, ni fuera de ti. Cuando te das cuenta de este hecho, puedes volverte inmune a lo que sucede en el mundo exterior. De hecho, puedes encontrar seguridad financiera.

Incluso en épocas como la Gran Depresión de 1930, hubo quien se hizo millonario. Mientras había gente que hacía cola por un plato de sopa o que acababa quitándose la vida, otros encontraban su oportunidad y se hacían muy ricos. Algunos de los más grandes millonarios han surgido durante una época de depresión económica.

Las circunstancias externas no dictan lo que ocurre en tu vida. Tú eres quien tiene el control. Pero hasta ahora no has tenido el control consciente de esa realidad interna para atraer dinero. Lo sé de primera mano, porque cuando estaba en las calles de Dallas y más tarde, cuando me encontraba sumido en la pobreza en Houston, ciertamente, no era consciente de la idea de que yo era quien no atraía dinero, de que era yo quien atraía mis problemas, la pobreza y el hecho de no tener un hogar.

Si has visto la película *El secreto: Atrévete a soñar*[2] (en la que aparezco), leído alguno de mis otros libros o escuchado alguno de mis programas de audio, como por ejemplo *The Missing Secret*, recordarás que he hablado sobre la *ley de la atracción*. La ley de la atracción provoca que atraigas (o no) el dinero que te gustaría tener en la vida. La ley de la atracción dice que todo lo que consigues se debe a tus procesos mentales, a tus pensamientos, a tus creencias. Pero no basta con entender la ley de la atracción en un nivel superficial para atraer dinero, sino que tienes que conocer otra ley: la *ley de la acción correcta*.

Por este motivo este libro es diferente a los demás. Voy a explicarte la ley de la atracción para que puedas hacer que funcione para atraer dinero. También te explicaré la ley de la acción correcta, porque del mismo modo se requiere movimiento para que el dinero circule en tu vida. Necesitas conocer ambas leyes para que esto suceda.

Veamos rápidamente la ley de la atracción, que dice que todo lo que entra en tu vida se basa en tus creencias. El aspecto más profundo de

---

2. Dirigida por Andy Tennant y protagonizada, entre otros, por la actriz Katie Holmes, la película fue estrenada en 2006 con el título de *The Secret*. Puede encontrarse en versión subtitulada en plataformas *online*. (N. del T)

esta ley es el hecho de que las creencias son inconscientes. En su mayor parte, no es lo que estás pensando *conscientemente*, sino lo que piensas *inconscientemente* sobre el dinero, lo que hace que lo atraigas o no.

Si quieres saber lo que piensas inconscientemente sobre el dinero, mira a tu alrededor. ¿Tienes dinero? Si lo haces y te sientes feliz con esa abundancia en este momento, entonces, tienes creencias que te apoyan para atraer dinero. En cambio, si miras a tu alrededor y te dices: «No tengo dinero. No puedo pagar mis facturas. No sé de dónde sacaré el dinero para pagar el alquiler. Necesito conseguir un trabajo o lograr otro puesto de trabajo…», entonces, tienes creencias que no te ayudan a atraer dinero.

En este libro te ayudaré a encontrar las creencias que te impiden atraer dinero. Te ayudaré a liberar esas creencias y a arraigar otras nuevas que harán que lo atraigas de manera fácil y sin esfuerzo.

Si estás interesado en afrontar todas las deudas, lee este libro. Si quieres capear cualquier tormenta financiera sobre la que los medios de comunicación puedan informar, lee este libro. Si deseas experimentar la libertad y la independencia financieras, éste es tu libro. Si deseas aprender herramientas prácticas, probadas y testadas, sobre marketing, administración del tiempo, publicidad, organización e Internet que sean aplicables de inmediato a tu negocio, éste es tu libro. Si quieres tener el tiempo y el dinero para contribuir a causas valiosas que llenen tu corazón de júbilo, lee este libro. Si quieres atraer la carrera que te apasiona, lee este libro. Si deseas deponer el control y cosechar las recompensas financieras que fluyen de manera natural cuando conoces el secreto para atraer dinero, lee este libro. Si deseas saber cómo atraer la salud, una pareja, la riqueza e incluso la paz mundial –cualquier cosa que puedas mencionar o imaginar–, lee este libro.

El secreto para atraer dinero revela un sistema práctico, pero también espiritual, para la abundancia y la prosperidad. Como ya he dicho, este programa me ha funcionado. He desarrollado todos los pasos, conocimientos y métodos que leerás aquí. Todos ellos me han servido para pasar de ser un sintecho a gozar de la fama y lograr grandes recompensas financieras.

No soy la única persona que se ha beneficiado de estos conocimientos. Te contaré historias de personas que han pasado de la nada a ser financieramente libres. Ellas no tenían idea de cómo crear un producto o un servicio, pero aun así lo crearon. Son personas como tú y como yo, que en un momento determinado se preguntaron: «¿Cómo puedo conseguir la libertad financiera?».

Además de ser un autor de superventas, he sido un experto en negocios y marketing durante las últimas décadas. Asimismo, soy redactor, publicista, estratega y comercial en Internet. He creado nuevas formas de hacer marketing *online*. He ideado conceptos como el marketing hipnótico, la escritura y la publicidad hipnóticas, y he escrito libros sobre muchos de estos temas. Igualmente, he escrito un libro sobre los secretos comerciales de P. T. Barnum, el gran *showman* del siglo XIX, titulado *There's a Customer Born Every Minute*. También soy el creador del programa de audio superventas *The Power of Outrageous Marketing*, que ha ayudado a cientos, si no miles, de personas.

Este libro incorporará ambos aspectos de mis intereses: el espiritual (la parte de mí que está interesada en la ley de la atracción) y el del marketing (la interesada en la ley de la acción correcta). La combinación de ambas hace que te conviertas en un imán para el dinero.

SIETE PUNTOS CLAVE SOBRE EL DINERO

Quiero empezar hablando sobre los siete puntos clave sobre el dinero que he descubierto:

1. Eres totalmente responsable de las experiencias financieras que tengas en tu vida. No eres el culpable de ellas; no pasan por tu culpa, pero *sí* son tu responsabilidad.
2. Absorbes inconscientemente creencias sobre el dinero de la propia cultura.
3. No eres el gobernante de la Tierra, no eres Dios, pero, en cambio, tienes mucho más poder, financiero y de otro tipo, de lo que crees.
4. Puedes cambiar tus pensamientos sobre el dinero. Debes tomar conciencia de ello.
5. Puedes hacer lo financieramente imposible.

6. Cualquier imagen de abundancia a la que añadas emoción tenderá a manifestarse.
7. Pueden ocurrir milagros monetarios en tu vida si eres capaz de liberarte del apego y la necesidad.

Sobre el primer punto: eres totalmente responsable de las experiencias financieras que tengas en tu vida. No eres el culpable de ellas; no pasan por tu culpa, pero *sí* son tu responsabilidad. Éste puede ser un gran principio al que agarrarte la primera vez que vivas una experiencia desalentadora. Estoy seguro de que si alguien que viajara al pasado en una máquina del tiempo, me encontrara en las calles de Dallas y me dijera: «Joe, eres un sintecho por culpa de tus propias creencias. No es por tu culpa que estés aquí, pero sí es tu responsabilidad», probablemente le daría un puñetazo en la boca, porque en aquella época bastante tenía con sobrevivir. Así pues, si oyes «Oh, no es tu culpa. Es culpa de todos los demás», tendrás que respirar hondo y darte cuenta de que, inconscientemente, has estado enviando creencias y energía que provocan que obtengas los resultados que obtienes. Por ese motivo atraes (o no) dinero. Se basa en tu mentalidad inconsciente.

No te preocupes, se trata tan sólo de una llamada de atención. Te explicaré este principio y te ayudaré a comprenderlo y a liberar cualquier bloqueo que haya dentro de ti. Pero comprende este primer punto clave: tú eres del todo responsable de dónde te encuentras financieramente.

Cuando asumes esta responsabilidad, reclamas tu poder, y eso es esencial para comprender cómo atraer dinero. Necesitas tu poder interior para hacerlo. Si has estado entregando tu poder a un trabajo, al gobierno, a los medios de comunicación o a cualquier persona que te haya causado miedo, no tienes el poder interno necesario para atraer dinero. Eres responsable, pero está bien. No es tu culpa, pero sí tu responsabilidad.

Sobre el segundo punto: absorbes inconscientemente creencias sobre el dinero de la propia cultura (los medios de comunicación, el gobierno, la religión y el sistema escolar). Desde el instante en que naciste, has estado, fácil y vulnerablemente, y sin cuestionarlo, descargando información sobre cómo funciona el mundo. Cuando se trata de dinero, la mayoría de la gente cree que no hay suficiente para todos. Muchos consideran que el dinero es malo. La mayor parte de la gente cree que los ricos son codiciosos, malvados o manipuladores.

Has estado descargando *creencias* sobre el dinero, no hechos o realidades sobre el dinero, sino creencias. Si estas creencias no te sirven, alejarás el dinero. Mirarás a tu alrededor y te preguntarás: «¿Por qué no tengo dinero en mi vida?». Una de las razones es que has absorbido creencias negativas y limitantes sobre él procedentes de la cultura a la que perteneces. De nuevo, esto no es malo o negativo, sino una oportunidad para despertar, y eso sucederá a medida que leas este libro.

También has absorbido creencias de tu familia, tus amigos, tu entorno. De nuevo, no estabas pensando en ello. Probablemente sentías que era sólo la realidad. Pero estas personas estaban compartiendo contigo creencias sobre el dinero que se convirtieron, finalmente, en tu propio sistema de creencias. Tienes que cambiar eso para atraer dinero a tu vida de un modo fácil. Aprenderás a hacerlo en este libro.

Sobre el tercer punto: no eres el gobernante de la Tierra, no eres Dios, pero en cambio tienes mucho más poder financiero de lo que crees. La mayoría de las personas no se dan cuenta de que poseen más capacidad, talento, creatividad y poder interior para hacer las cosas de lo que imaginan, pero no lo intentan. No intentan abrir un nuevo negocio. No tratan de poner en práctica una idea. No tratan de escribir el libro del que han estado hablando siempre. No lo intentan, porque no se creen capaces.

No te estoy animando a que te conviertas en unególatra y pienses que gobiernas la Tierra, pero sí te animo a que te olvides de tus limitaciones internas sobre lo que eres capaz. Puedes tener más dinero del que nunca pensaste que sería posible.

Puede que tengas que hacerlo pasito a pasito. Cuando yo era un sintecho, resultaba muy difícil imaginar que me convertiría en un millonario, pero sí me imaginaba que podría conseguir cientos o incluso miles de dólares. A medida que comencé a esforzarme y sentir más poder desde el punto de vista económico, pude ampliar lo que esperaba que me hacía ilusión en la vida. Te animo a que te permitas querer, merecer y esperar más. Puedes tener más de lo que nunca has creído posible, porque tienes más poder, tanto financiero como de otro tipo, en tu cuerpo, tu mente y tu alma de lo que lo jamás hayas creído.

Sobre el cuarto punto: puedes cambiar tus pensamientos sobre el dinero. Todo lo que necesitas hacer es tomar conciencia de ello. Puedes cambiar tus pensamientos sobre el dinero ahora mismo, en primer lugar, siendo consciente de ello, y, en segundo lugar, seleccionando las creencias que preferirías tener. Es posible que tengas creencias que manifiesten algo como: «Quiero dinero», pero una parte de ti se vuelve aprensiva cuando piensas en tenerlo. Esta incomodidad sólo se debe a un pensamiento, una creencia. Cambia tu pensamiento, tu creencia, y mantendrás una relación completamente distinta con el dinero. Para atraer dinero a tu vida, debes cambiar tus pensamientos actuales sobre lo que es posible y sobre el propio dinero. Este libro te mostrará cómo.

Sobre el quinto punto: puedes hacer lo financieramente imposible. No conoces tus límites. Es fundamental que entiendas esto. He hablado con personas que se encogen de hombros y dicen: «No puedo tener lo que tú tienes. No puedo tener un coche nuevo, un mejor trabajo, un hogar mejor…»; llena tú mismo el espacio en blanco. Ellas son las que ponen los límites a lo que les es posible. Pero no sabemos cuáles son tus límites; lo más probable es que no haya ninguno. Vivimos en un universo impulsado por las creencias. Cambia tus creencias y cambiarás tu universo. Puedes hacer lo financieramente imposible, porque eres capaz de llevar a cabo cualquier cosa. No hay ningún límite. Además, si intentas conseguir la luna, llegarás más lejos, te esforzarás más y obtendrás mejores resultados, así que a partir de ahora mismo considera que eres capaz de hacer lo imposible desde el punto de vista económico.

Sobre el sexto punto: cualquier imagen de abundancia a la que añadas emoción tenderá a manifestarse. Déjame que me explique. Una imagen de abundancia es la visión que tienes en la mente cuando se trata de dinero. Si te preocupa el dinero, tu imagen de abundancia probablemente sea de escasez. No es abundancia en absoluto. Se te gusta el dinero, quieres tenerlo y tienes grandes sueños de que el dinero te ayude a ti, a tu familia, a tus amigos, a tu entorno, al mundo en general, probablemente poseas una imagen de abundancia muy cariñosa, brillante y clara. Tienes una imagen de abundancia de uno u otro tipo. Una probablemente sea negativa y más oscura, y la otra, más clara y brillante. Si añades emoción a cualquiera de las imágenes, tenderá a manifestarse muy rápidamente. Si tienes una imagen de temer al dinero y le añades miedo hasta llegar al punto en que comienzas a temblar y te sudan las manos, manifestarás exactamente lo que te preocupa. De la misma manera –y aquí es donde quiero que pongas tu atención–, cuando tienes una imagen de abundancia, riqueza y prosperidad que se siente fantástica, y le añades la emoción del amor, la alegría, la paz y la felicidad vertiginosa, manifestarás esa imagen en su lugar.

Y, finalmente, sobre el séptimo punto: pueden ocurrir milagros económicos en tu vida si eres capaz de liberarte del apego y la necesidad. Esto es formidable. Quiero que te pase ahora mismo: *puedes tener virtualmente cualquier cosa que quieras en la vida mientras no la necesites.* Cuando necesitas algo, creas una energía de desesperación a tu alrededor, y esa misma energía saldrá y atraerá aún más desesperación. Así funciona la ley de la atracción: con tus creencias inconscientes que confirmas con tu energía. Si tienes un sentimiento de amor, atraerás aquello que quieres; en cambio, si el sentimiento es de odio, atraerás lo que odias. Si puedes tener un deseo por algo sin necesidad de que suceda, entonces, tienes un espíritu de dejar ir. No tienes apego por ello. No tienes una adicción. No tienes una necesidad de vida o muerte por algo. Llegado a este punto, tu deseo es libre de manifestarse. No hay nada que impida que sea atraído a tu vida.

Puedo escuchar qué piensas en este momento: «Sí, quiero mi milagro monetario, pero tengo que pagar el alquiler el viernes» o «Tengo que pagar mis cuentas a fin de mes. Necesito ese dinero. ¿Cómo lo atraigo sin necesitarlo cuando lo necesito?».

También trataré esta cuestión. Te ayudaré a liberar esa desesperación, esa necesidad, de modo que tengas un deseo lúdico que exprese: «Tengo la intención de conseguir más dinero y de poseerlo antes de tener que pagar mis facturas». No lo pensarás con desesperación, lo que significa que el dinero entrará en tu vida fácilmente y sin esfuerzo.

PERCEPCIONES ERRÓNEAS SOBRE EL DINERO

Antes de continuar, hablemos un poco de las percepciones erróneas sobre el dinero. Muchas personas piensan que, si tienen más, serán codiciosas y harán un mal uso de la riqueza.

Una vez leí un maravilloso libro publicado en 1920 titulado *Fundamentals of Prosperity*, de Roger Babson.[3] El autor terminaba su libro preguntando al presidente de la República Argentina por qué Sudamérica, con todos sus recursos naturales y sus maravillas, se encontraba a tanta distancia, en términos de progreso y de marketing, de Norteamérica. El presidente respondió: «He llegado a esta conclusión: Sudamérica fue colonizada por los españoles que llegaron a ella en busca de oro, pero Norteamérica fue colonizada por los padres peregrinos,[4] que fueron allí en busca de Dios».

¿Dónde pones la atención, en el dinero o en el espíritu? ¿En las metas que quieres o en el espíritu que lo trae? El dinero es sólo un símbolo. Si te enfocas en la energía que representa, lo atraerás.

Muchas personas temen al dinero porque piensan que se volverán más codiciosas o que abusarán de la riqueza o del poder que representa. ¿De dónde han sacado estas percepciones? Esto ayuda a explicar de dónde procede la programación en tu vida y por qué no has atraído el dinero hasta ahora.

Piensa en los programas de televisión que mirabas cuando eras un niño y las películas que se producen hoy en día. Casi todos caracterizan a las personas ricas como avaras, manipuladoras y malvadas. Se presentan como esnobs y codiciosas. No son las personas que quieres ser. Muchas de estas percepciones erróneas sobre la codicia, el poder y

---

3. Roger Ward Babson (1875-1967) fue un empresario, economista y teórico empresarial estadounidense. Fundador, entre otros, del Babson College, ha pasado a la historia por anticipar el crac de octubre 1929 (unas palabras suyas en una conferencia pronunciada el 5 de septiembre provocaron una caída bursátil que el *The New York Times* bautizó como el «Babson break») y por ser el precursor del estudio del ciclo económico. *(N. del T)*

4. Grupo de puritanos calvinistas cuyos miembros, perseguidos por el uniformismo anglicano, decidieron emigrar a Leiden (Países Bajos) en 1609 y, finalmente, al Nuevo Mundo en 1620 a bordo del *Mayflower*. *(N. del T)*

la riqueza han sido programadas en tu mente por los medios de comunicación. El hecho de ver esos programas formaba parte de tu entretenimiento, pero no te dabas cuenta de que, mientras los mirabas, tu mente subconsciente estaba absorbiendo creencias. Estaba concluyendo: «Si soy rico, no le agradaré a la gente. Si soy rico, pensaré que la avaricia es buena o que la avaricia es Dios. Si soy rico, haré mal uso de esa riqueza y ese poder, y me arruinaré a mí mismo o a los demás».

Ten en cuenta, sin embargo, que estas creencias provienen de los medios de comunicación, del entretenimiento y de otras fuentes. No tiene nada que ver con tu realidad ni con tus elecciones. Puedes seguir adelante y atraer una gran cantidad de dinero, sabiendo que lo utilizarás para hacer el bien.

Esta idea me ayudó muchísimo en un momento clave de mi vida, cuando comencé a ganar dinero con el marketing en Internet. Mis libros empezaron a publicarse y mis programas de audio empezaron a venderse bien, por lo que el dinero llegaba a mi vida. Entonces, me di cuenta de que me sentía un poco incómodo con eso y que, si no me sentía cómodo, yo mismo bloquearía el flujo y únicamente atraería una cantidad limitada de dinero a mi vida. Tuve que parar, reflexionar y preguntarme «¿Qué voy a hacer con esta riqueza?». Cuando me di cuenta de que cuanto más dinero entraba en mi vida, más podía ayudar a mi familia, a mis amigos, a mi comunidad e incluso a mi país, comprendí que podía tener buenas razones para traer dinero a mi vida.

Hablaré sobre algunas de estas razones más adelante, pero quiero que ahora sepas que los temores sobre la codicia, el poder, la riqueza y lo que podrían hacerte son infundados. Se basan en creencias que puedes mirar y dejar ir. No tienen que detenerte.

Antes de continuar, averigüemos exactamente dónde se encuentra el termostato de tu dinero. Averigüemos dónde se halla en este momento tu mentalidad monetaria. ¿Qué piensas sobre el dinero? ¿Cuáles son tus ideas al respecto? En este momento, ¿qué te dice tu subconsciente en cuanto al dinero? Probablemente no lo sepas; la mayoría de la gente no lo sabe.

Por esta razón, he preparado una evaluación sobre la atracción del dinero. Es fundamental y reveladora. Puede abrir tu mente al funcionamiento interno de tu propio cerebro. Así podremos cambiar lo que no funciona para que puedas atraer todo el dinero que quieras. Te ayudará a encontrar los pequeños bloqueos que quizás debas superar para que puedas atraer dinero fácilmente y sin esfuerzo.

EVALUACIÓN SOBRE LA ATRACCIÓN DEL DINERO

Utiliza la escala del 1 al 10 para determinar tus respuestas a las siguientes cuestiones.

1. ¿Cómo te sientes cuando ves a alguien conduciendo un automóvil caro?

1	2	3	4	5	6	7	8	9	10
Envidioso				Indiferente			Contento por él		

2. ¿Cómo te sientes cuando un compañero de trabajo recibe un aumento de sueldo?

1	2	3	4	5	6	7	8	9	10
Envidioso				Indiferente			Contento por él		

3. ¿Cómo te sientes si ganas menos dinero que tus padres?

1	2	3	4	5	6	7	8	9	10
Triste				Indiferente			Contento por ellos		

4. Cómo te sientes si ganas más dinero que tus padres?

1	2	3	4	5	6	7	8	9	10
Envidioso				Indiferente				Orgulloso	

5. Cuando se te ocurre una idea, ¿qué haces?

1	2	3	4	5	6	7	8	9	10
Nada				Pienso en ella			Actúo rápidamente		

6. ¿Das dinero a causas que merecen la pena?

1	2	3	4	5	6	7	8	9	10
En absoluto			Una pequeña cantidad				Con regularidad		

7. ¿Cómo te sientes con respecto a tu casa y tu automóvil actuales?

1	2	3	4	5	6	7	8	9	10

Me podría sentir mejor   Indiferente   Estoy contento

¿8. Qué haces cuando quieres comprar algo caro?

1	2	3	4	5	6	7	8	9	10

Dices que no te lo   Lo ignoras   Lo compras
puedes permitir

9. ¿Consideras que el dinero es peligroso?

1	2	3	4	5	6	7	8	9	10

Por supuesto   No estoy seguro   No lo creo

10. ¿Temes que nos quedemos sin recursos naturales como el petróleo o el gas?

1	2	3	4	5	6	7	8	9	10

Por supuesto   No estoy seguro

11. ¿Qué significado le otorgas al dinero?

1	2	3	4	5	6	7	8	9	10

Demonio necesario   Ninguno   Herramienta útil

12. ¿Cuál es la definición de dinero?

1	2	3	4	5	6	7	8	9	10

Una herramienta de   Ninguna   Un sistema de
codicia   intercambio

13. ¿Haces vacaciones?

1	2	3	4	5	6	7	8	9	10

No   A veces   Sí

14. ¿Lees biografías de gente rica?

1	2	3	4	5	6	7	8	9	10

No   A veces   Sí

15. ¿Qué sentimiento te provoca la persona más rica del mundo?

1	2	3	4	5	6	7	8	9	10
Envidia				Nada				Inspiración	

16. Si tuvieras todo el dinero que quisieras, ¿qué harías?

1	2	3	4	5	6	7	8	9	10
No lo sé				Lo que hago ahora				Viajar y disfrutar de la vida	

17. ¿Te sientes rico en este momento?

1	2	3	4	5	6	7	8	9	10
No				No estoy seguro					Sí

18. ¿Qué piensas de trabajar por cuenta propia?

1	2	3	4	5	6	7	8	9	10
No es bueno, inseguro			No estoy seguro						Genial

19. ¿Qué opinas de la economía actual?

1	2	3	4	5	6	7	8	9	10
Momento crítico			No estoy seguro				No me importa		

20. ¿Te mereces atraer dinero?

1	2	3	4	5	6	7	8	9	10
No				Quizás				Por supuesto	

21. ¿Qué pensaban tus padres sobre el dinero?

1	2	3	4	5	6	7	8	9	10
Lucharon por él				No estoy seguro			No era un problema		

22. ¿Inviertes en formación continuamente?

1	2	3	4	5	6	7	8	9	10
No				A veces					Sí

23. Tus pensamientos sobre el dinero suelen ser:

1	2	3	4	5	6	7	8	9	10
Aburridos				Variados				Positivos	

24. ¿Tienes una cuenta corriente?

1	2	3	4	5	6	7	8	9	10
No									Sí

25. ¿Tienes una cuenta de ahorro?

1	2	3	4	5	6	7	8	9	10
No									Sí

26. ¿Ahorras dinero para alguna emergencia?

1	2	3	4	5	6	7	8	9	10
No									Sí

27. ¿Das el 10 % de tus ingresos a personas y lugares que te inspiran?

1	2	3	4	5	6	7	8	9	10
No				A veces					Sí

28. ¿Te quejas mucho por el dinero y las facturas?

1	2	3	4	5	6	7	8	9	10
Sí				A veces					No

29. ¿Cuánto dinero más crees que puedes tener?

1	2	3	4	5	6	7	8	9	10
No mucho más				El doble				Diez veces más	

30. ¿Crees que el dinero corrompe?

1	2	3	4	5	6	7	8	9	10
Sí				No lo sé					No

31. ¿Prefieres ser honesto o rico?

1	2	3	4	5	6	7	8	9	10
Rico antes que honesto			Honesto antes que rico					Ambas cosas	

32. ¿Te cuesta ganar dinero?

1	2	3	4	5	6	7	8	9	10
Sí				A veces					No

33. ¿Estás preparado para aprender el secreto para atraer más dinero?

1	2	3	4	5	6	7	8	9	10
No				A veces					Sí

Veamos posibles respuestas. Si has obtenido una puntuación de entre 33 y 107, lo más probable es que tengas bastantes problemas financieros. Tal vez has tratado siempre de juntar los polos opuestos del imán. En otras palabras, es posible que debas analizar tus creencias y hacer una reprogramación emocional, física, mental y espiritual con respecto a tus creencias limitantes. Tal vez te sientas indigno de ser rico o estés plagado de viejos sistemas de creencias que no te apoyan. Asegúrate de rodearte de personas positivas y vuelve a leer este libro con frecuencia. La relectura puede penetrar en tu subconsciente y cambiar los mensajes que ya no te sirven.

Felicítate por tener el coraje y la perspicacia de comprar este libro y mantén tu compromiso contigo mismo. Al hacerlo, es probable que alcances tu potencial para ganar dinero más rápido de lo que piensas.

Si has obtenido una puntuación de entre 108 y 181, es posible que te sientas estancado en lo que respecta a atraer dinero a tu vida. Tu imán ha perdido gran parte de su energía y debe ser repuesto. Aunque has dado algunos pasos, aún no estás completamente abierto a toda la abundancia que tienes a tu disposición. La lectura de este libro y la puesta en práctica de las sugerencias que en él aparecen te proporcionarán energía y te abrirán como un recipiente para atraer dinero a tu vida.

Si has obtenido una puntuación de entre 182 y 255, estás avanzando para atraer más dinero a tu vida. Siga con el buen trabajo y asegúrate de integrar la nueva información, las prácticas y el comportamiento que aprendas de este libro en tu día a día. En poco tiempo, te encontrarás viviendo una vida de abundancia económica, emocional y creativa.

Si has obtenido una puntuación de entre 256 y 330, ¡enhorabuena! Eres un imán para el dinero. Sea lo que sea que estés haciendo, te funciona. El hecho de que hayas comprado este libro refleja tu compromiso con vivir una vida de abundancia total. Sabes muy bien cómo funciona la ley de la atracción y estás atrayendo lo que deseas a tu vida. Continúa tu viaje. Integra cualquier material que sea nuevo para ti y continúa centrándote en los detalles de lo que deseas manifestar. Tu magnetismo afecta al mundo como un todo y crea una energía maravillosa y positiva para que todos la disfruten.

Este cuestionario te ayudará a obtener claridad sobre dónde te encuentras respecto a dónde te gustaría estar. Tus respuestas deben resultarte reveladoras. Si tienes creencias limitantes sobre el dinero, te quejas de él o temes por tu seguridad en el futuro, bloquearás la llegada del flujo de dinero. Este libro te ayudará a derribar esas barreras para que experimentes la abundancia que deseas y te mereces.

Te sugiero que te des tres meses para poner en práctica las enseñanzas que comparto contigo. Luego repite esta evaluación y toma nota del excelente progreso que has logrado.

PIENSA COMO UN EMPRESARIO

Uno de los billetes hacia la libertad financiera es pensar como un empresario. En este libro te enseñaré cómo hacerlo. Si ya eres un empresario, ya tienes un negocio, estás iniciando un negocio o bien estás pensando en iniciar uno, te enseñaré los detalles de cómo promocionarlo.

No te desanimes con el término «marketing», porque tengo una definición que nunca has escuchado, y tiene que ver con el amor y el espíritu. Te enseñaré a utilizar el amor y el espíritu en marketing para mejorar tus resultados empresariales. Éste es un programa que, como todos los míos, es tanto práctico como espiritual, porque en el fondo soy lo que llamo un comerciante espiritual. Tengo un pie en el mundo espiritual y otro, en el mundo del marketing. Combino ambos para lograr más poder del que podría tener con sólo uno de los lados. Creo que lo espiritual y lo material son dos caras de la misma moneda, de modo que, cuando avanzo como comerciante espiritual, me convierto en un emprendedor poderoso. En este libro también te voy a enseñar cómo hacer esto.

El secreto para atraer dinero más allá de toda comprensión es tener una mentalidad empresarial para el éxito, combinada con una mentalidad espiritual para el éxito. Ya he mencionado la mente inconsciente o subconsciente y cómo muchas de las creencias que tienes sobre el dinero se encuentran en tu inconsciente. Esto es parte del secreto perdido para atraer dinero, porque la mayoría de la gente no se da cuenta de que el inconsciente es, en realidad, la fuente de poder. La mente consciente es sólo la punta del iceberg. Es allí donde piensas tus pensamientos, pero lo que realmente está operando tu vida –tu respiración y los latidos de tu corazón incluidos– es tu inconsciente. Tus creencias sobre el dinero y la vida en general también se encuentran en tu inconsciente. Si sólo intentas hacer un cambio superficial (tus pensamientos y tu mente consciente), no alcanzarás el éxito de forma permanente.

Si quieres obtener resultados reales para atraer dinero, debes acudir a la fuente. Esta fuente no es un banco, ni la Reserva Federal, ni un trabajo, no es otra cosa que tu propio subconsciente. Una vez que entramos en tu mente subconsciente y empezamos a liberar las creencias que hay en ella y que bloqueado el dinero, eres libre para atraer dinero. Puedes decir conscientemente: «Tengo la intención de atraer dinero», pero inconscientemente, si tienes algún problema con el dinero (no sabes qué hacer con él, le tienes miedo o piensas que alguien te lo va a quitar), impedirás que venga. Tus creencias inconscientes anularán tu intento consciente de tener más dinero.

Este proceso requerirá un poco de conocimiento y abrir los ojos, pero en el otro lado se encuentra la libertad financiera. Yo pude pasar de ser un sintecho a ser un autor de superventas y una estrella de cine ocasional porque trabajé mis creencias inconscientes. Trabajé mi sentido de merecimiento con respecto al dinero, que está radicado en mi inconsciente. Una vez que hice eso, abrí el camino para atraer dinero, y esto también funcionará en tu caso.

Prepárate para que se produzcan los milagros financieros, y lo digo con honestidad, veracidad y sinceridad, con un compromiso total de mi parte. En este capítulo, te he dado a conocer los siete puntos clave sobre el dinero, el cuestionario de evaluación del dinero y la idea de que si cambias de opinión y esperas milagros financieros, atraerás estos milagros a tu vida. Todos ellos combinados cambiarán tu forma de pensar como nunca. Es posible que hayas hecho algunos intentos para atraer dinero, conseguir un nuevo trabajo o cambiar tus creencias sobre la abundancia, pero ahora es el momento de que se produzca un cambio permanente y duradero, que nunca retrocederá y hará que atraigas dinero como nunca.

Quiero que juegues a ese juego «¿Y si funciona?» e imagines que éste es el mejor momento de tu vida, que ésta es la percepción, éstos son los principios, éste es el punto de inflexión que harán que atraigas dinero de forma inesperada y agradecida, de maneras que te maravillarán y compartirás alegremente con los demás.

Ha llegado el momento de que atraigas dinero. Todo lo que tienes que hacer es comprometerte a leer este libro (tal vez un par de veces) y esperar el éxito.

Estoy muy contento y agradecido de ser la persona que comparte esta información contigo. Miro hacia atrás en mi vida y veo lo lejos que he llegado y lo que he tenido que aprender para ello. Personalmente, es un gran honor, un gran privilegio, un gran momento para mí. Yo, el tipo que no tenía hogar hace unos cincuenta años, aprendí estos secretos sobre la atracción del dinero y ahora puedo cogerte de la mano y guiarte a través de ellos. En lo más profundo de mi corazón, siento el deseo de escribir este libro para ti y revelarte los secretos. ¡Gracias por darme esta oportunidad!

Cuando estés preparado para continuar, proseguiremos nuestro viaje juntos en el próximo capítulo.

DOS

CÓMO GANAR DINERO
EN CUALQUIER SITUACIÓN ECONÓMICA

Permíteme comenzar explicándote una historia verdadera e inspiradora sobre un hombre que escuchó que se puede ganar dinero y atraerlo, pero que era un músico muerto de hambre.

Estoy hablando de un hombre que ahora es mi amigo, Pat O'Bryan. Cuando conocí a Pat en 2005, tenía cierto éxito como músico: había publicado seis o siete CD, viajaba por Europa y tocaba en bares y clubes de Texas. Tenía éxito si consideramos que contaba con un productor para sus discos y que le pagaban por actuar, pero se estaba muriendo de hambre. No tenía dinero para pagar el alquiler. Tampoco para comprar una camioneta. Conducía una vieja y destartalada *pickup* de la que en muchos sentidos estaba orgulloso, aunque nunca sabía si lo llevaría a donde necesitaba ir. Cuando tocaba para bandas y grupos, ya fuera en Estados Unidos o en Europa, le pagaban cincuenta dólares por actuación. No se estaba haciendo rico.

Una vez se me acercó con la cara sonrojada.

—Necesito saber cómo pagar el puñetero alquiler –me dijo muy enojado.

Ese momento fue un punto de inflexión, ya que fue cuando decidió que lo que estaba haciendo no le funcionaba, sino que en muchos sentidos lo mantenía atorado. Ciertamente, quería atraer dinero, tener una camioneta nueva, lograr más experiencia financiera y riqueza. También deseaba un nuevo hogar y poder cuidar de su esposa e hijos, pero no era capaz de hacerlo. Lo que hacía no le funcionaba.

Por lo tanto, se acercó a alguien que ya conocía el secreto para atraer dinero (yo) y le preguntó:

—¿Cómo lo hago?

Le dije algunas cosas, incluso que tenía que establecer una nueva intención. Tuvo que decidir si quería atraer dinero de manera fácil y sin esfuerzo haciendo lo que le gustaba. Eso podría significar hacer algo completamente diferente. Significaba que tenía que abrir su mente a nuevas posibilidades.

Así pues, Pat acudió a uno de mis seminarios titulado «The Spiritual Marketing Super Summit» («La Súper Cumbre de Marketing Espiritual»). Me escuchó a mí y a los otros oradores y comenzó a tener una mentalidad empresarial. Decidió que podía emplear sus habilidades como músico, pero que crearía diferentes productos, algo en lo que nunca había pensado antes.

Pat comenzó a crear audios subliminales.[1] Había afirmaciones poderosas en ellos, pero los suyos eran diferentes en el sentido de que creó música original para estos audios. La mayoría de la gente utilizaría Beethoven o algún otro compositor clásico mundialmente conocido. Pat consideró sus propios antecedentes y pensó: «Tengo habilidades como músico, pero no estoy ganando dinero con las actuaciones ni con mis CD. Necesito crear un nuevo producto».

A Pat se le ocurrió hacer grabaciones de audio subliminales que utilizaban su propia música y comenzó a venderlas. En una de las Súper Cumbres de Marketing Espiritual, llegó a vender tantas que se pasó toda la noche despierto grabando más copias, porque lo hacía todo a mano y las vendía al día siguiente.

Pat comenzó a despertar. Vio que podía ganar dinero al darse cuenta de que tenía más talento y experiencia de lo que jamás había creído y cambiando su forma de pensar. Dado que también conocía la ley de la acción correcta, comenzó a actuar más. Publicó cuarenta y cinco productos el primer año. Estoy orgulloso de él y deslumbrado por lo que ha hecho y sigue haciendo. Cambió toda su experiencia, su forma de pensar y su sistema de creencias, y así puede seguir componiendo

---

1. Pista de sonido que emite información o mensajes que no son perceptibles por la conciencia, pero sí son captados por la mente inconsciente. *(N. del T)*

música, algo que le encanta, pero de una manera diferente. Ahora le permite atraer muchísima riqueza. Pat utilizó los mismos principios que te enseño en este libro.

Cuando Pat presentó su primer seminario, lo anunció en su lista, que empezó a desarrollar desde el mismo momento en que comenzó a vender esos CD. Después de anunciar su seminario, lo vendió todo en seis horas. Se puso a escribir libros y uno se convirtió en un éxito de ventas en Amazon. Tiene numerosos sitios web productos. Hemos ideado productos juntos, porque, aparte de ser amigos, nos hemos convertido en socios.

Todo esto era obra de un hombre que no podía pagar el alquiler y necesitaba encontrar el secreto para atraer dinero. Parte del éxito fue despertar y darse cuenta de que «lo que he estado haciendo no ha funcionado». Ése es uno de los grandes conocimientos que cualquier persona debe tener para comenzar a atraer dinero.

Cuando vivía en la calle, pensaba que estaba haciendo lo correcto. Pensaba que lo que perseguía funcionaría, así que seguí haciendo lo mismo. Creo que lo dijo antes Albert Einstein, pero lo oí en un seminario de Tony Robbins: «Locura es hacer lo mismo una y otra vez y esperar resultados diferentes. Lo que debes hacer es cambiar lo que estás haciendo». La ley de la atracción dice que lo que estás haciendo deriva de lo que crees. Hacer no es lo primero, sino creer: debes cambiar tu interior antes de poder cambiar tu exterior.

Cuando Pat se fijó en su vida y decidió que lo que hacía no funcionaba, tuvo que considerar sus propias creencias y decir: «Mi sistema de creencias no me está dando los resultados que quiero. ¿Qué sistema de creencias me los dará ?». Se volvió hacia mí y comenzó a copiar lo que yo estaba haciendo y diciendo. Leyó mis libros y escuchó mis audios, y luego, por supuesto, pasó a la acción.

Así es cómo se gana dinero en cualquier situación económica. Cambias del exterior al interior. No importa cuál sea la situación económica; tu mentalidad es lo que importa.

PRINCIPIOS PARA ADOPTAR UNA NUEVA MENTALIDAD

Déjame que te hable de algunos de los principios que debes incorporar para adoptar esta nueva mentalidad.

1. Cree en ti mismo

El primero de ellos es que tienes que creer en ti mismo. Debes creer en el poder de tu corazón y de tu mente para revertir tu situación financiera. Básicamente, este primer principio dice: «Cree en ti». Puede que en este momento no creas en ti, puede que hasta este momento no hayas decidido confiar en ti mismo, pero aquí estoy para animarte. Estoy aquí para decirte: «Si Pat puede cambiar, y yo puedo cambiar, y cientos y miles de personas pueden cambiar, entonces tú también puedes cambiar». Empieza creyendo en tu corazón y en tu mente. Cree en ti. Cree en tus deseos. Cree en el bien que hay dentro de ti para cuidarte.

2. El universo te quiere

El segundo principio es creer en un universo amable y armonioso que te apoya financieramente. A grandes rasgos, crees que el universo te quiere. La mayoría de las personas que se encuentran en apuros, incluyéndome a mí hace casi cincuenta años, piensan que soy yo contra el universo. Yo no creía que el universo estuviera de mi lado, que el universo me quería. Sentía que era yo contra el planeta y que me encontraba totalmente solo. Pat se sentía igual. Creía que era él contra el mundo: él y su guitarra podían lamer el mundo. Esto es regodeo ególatra, autosabotaje. No funciona.

En realidad, el universo te quiere; en este momento te está apoyando al mantenerte vivo. El universo apoyará tus deseos financieros si crees que lo hará, apoyará cualquier cosa en la que confíes. Depende de ti estar alineado con el universo. En este momento te está diciendo que sí. Si piensas que el dinero es malo, el universo básicamente te dice: «Está bien, si eso es lo que crees, te apoyaré en tu decisión». El universo proviene de un lugar de amor y apoyo. Cuando alineas tu mente inconsciente con él, atraes dinero. Así que el segundo principio es saber que eres querido.

3. Cree en una fuente superior

El tercer principio es creer en una fuente superior benévola que apoye tus deseos financieros. Ésta es una extensión de lo que acabo de mencionar, pero un poco más refinada. Con este tercer principio, entiendes que puedes pedir ayuda y conseguirla. En realidad, esta fuente superior, este poder superior o como quieras llamar a este ser del cual todos formamos parte, está aquí para proporcionarte lo que quieres. Apoya tus deseos de dinero y tu interés financiero, pero tienes que pedirle ayuda.

Éste, lo confieso, fue uno de los grandes secretos para cambiar mi vida. Cuando comencé a buscar y pedir ayuda a algo más grande que yo, empecé a recibirla y a atraer dinero. Hablaré de esto con más de detalle más adelante, cuando te explique algunos de los procesos para limpiar tus creencias limitantes sobre el dinero. Pero, por ahora, quédate con que el paso tres dice que creas que hay un poder superior que respalda tus deseos financieros. En realidad, está ahí para responder a tus peticiones.

4. Abandona el victimismo

El cuarto principio es dejar de reaccionar como una víctima ante los desafíos financieros externos. Por desgracia, casi todo el mundo nace en el escenario de sentirse una víctima y avanza hacia la muerte sintiéndose una víctima, pero tú quieres despertar de esto.

En este cuarto paso, dejas de reaccionar ante los desafíos financieros externos como una víctima, lo que significa que comienzas a recuperar tu poder. Te das cuenta de que tú y tu mente inconsciente/subconsciente sois la fuente del mayor poder que reside en tu interior. No tienes que prestar atención a la situación económica. No debes reaccionar ante los desafíos financieros que explican los medios de comunicación porque lo externo no tiene nada que ver con lo interno. Cambia tu interior y crearás una circunstancia exterior diferente. Éste es el paso cuatro: deja de reaccionar.

5. Perdona

El quinto principio es importante: perdónate a ti mismo y a los demás por las malas acciones financieras. Éste es un conocimiento tanto espiritual como psicológico. Cuando te perdonas a ti mismo y a todos aquellos que están involucrados en cualquier cosa que hayas pensado que ha ido mal en tu trayectoria vital, liberas la energía que había quedado atrapada dentro de ti.

Este punto es trascendental. Pongamos por ejemplo que le guardas rencor a alguien que te ha hecho algo en el trabajo, tal vez un jefe, un supervisor o un compañero de trabajo; tal vez algún tipo de injusticia. Puede haber pasado la semana pasada o hace diez años, pero todavía piensas en ello. Pensar en eso consume tu energía. Esa energía se mantiene viva dentro de ti, pero no se utiliza para crear más dinero. Cuando tienes algo en tu interior que no has liberado y no has perdonado a alguien por ello, albergas un recuerdo vivo que consume tu energía y tu mente. Cuando liberas tus rencores, liberas esa energía para permitir que entre algo nuevo y más grande.

El dinero que has esperado vendrá a ti cuando liberes la energía que permanece retenida dentro de ti. Esa energía retenida se encuentra en un lugar de falta de perdón. Debes considerar tu propia vida y decir: «Lo he hecho lo mejor que he podido. Me perdono por todo lo que he hecho, que alguna vez pensé que era incorrecto, y perdono a todos los que me rodean».

Creo que perdonar es uno de los mejores pasos que puedes dar para desprenderte de los bloqueos que te impiden atraer dinero. Más adelante te guiaré a través de algunos procesos que te ayudarán a perdonar, pero por ahora entiende este quinto principio: cuando te perdonas a ti mismo y a los demás por las malas acciones financieras, te abres para atraer más dinero.

6. Sé agradecido

El sexto principio es agradecer todo lo que se te presente. Por sí sola, la gratitud puede ser el imán del dinero más poderoso que se me ocurre. Oí hablar por primera vez del poder de la gratitud en Houston, cuando vivía en la miseria. Lo oí muchas veces en las iglesias a las que acudía. Lo leí en revistas y libros como *Las leyes dinámicas de la prosperidad*, de Catherine Ponder.[2] No dejaba de pensar: «¿Por qué siguen

---

2. Autora de más de una docena de libros centrados sobre todo en el tema de la prosperidad, Catherine Ponder (1927) es la fundadora del movimiento cristiano Unity Church Worldwide. *(N. del T)*

hablando de la gratitud?». Porque cuando te sientes agradecido, te conviertes en un imán para más experiencias por las que sentirte agradecido. En mi mente escéptica pensaba: «Sí. Estaré agradecido cuando tenga dinero. Estaré agradecido cuando tenga un trabajo. Estaré agradecido cuando tenga esa relación. Estaré agradecido cuando tenga una casa. Estaré agradecido cuando [...]»; llena tú mismo el espacio en blanco. Pero he aprendido que no es así como funciona. En realidad, tienes que sentirte agradecido ahora. De este modo empiezas a atraer más de lo que querías al principio. No esperes para comenzar el proceso de gratitud; empiézalo ahora mismo.

Cuando oí hablar por primera vez de este principio hace décadas, era escéptico. Recuerdo coger un lápiz, sostenerlo y decir: «De acuerdo, puedo estar agradecido por un lápiz». Pero en realidad no estaba siendo agradecido, sino que me estaba riendo de eso. Luego miré el lápiz y pensé: «Vale, con este trozo de mina podría escribir una nota de suicidio, una lista de la compra, una lista de tareas pendientes, una carta de amor, una carta al editor o la gran novela americana». Mientras lo miraba, comencé a pensar: «¡Dios, este lápiz es bastante sorprendente! ¡Qué herramienta más milagrosa! En realidad, es una ramita, un trozo de madera con grafito, pero puedo utilizarlo para escribir cualquier cosa que mi mente fabule». Empecé a hacer mía la idea de sentirme realmente asombrado y agradecido por el lápiz.

Entonces miré el otro lado, había una goma de borrar. Pensé: «¿Qué es este trozo de goma? ¿Quién ha pensado en ello? Bueno, este trozo de goma puede ayudarme a borrar la nota de suicidio, la carta de amor, las cosas que ya he comprado de mi lista de compras, incluso las partes de la gran novela americana que no me gustan».

Miré otra vez el lápiz y pensé: «Ésta es la obra de un genio. Es una obra maestra impresionante. Puedo escribir lo que quiera y, si me equivoco, tengo una goma para borrar».

Me instalé en el concepto de gratitud. Al sentirme agradecido por ese lápiz, abrí mi corazón para ver nuevas maneras de hacer y atraer dinero, y para ver que había cosas a mi alrededor por las que estar agradecido.

Ésa fue la ventana que se abrió y cambió mi vida cuando me encontraba en la miseria. Todo comenzó por sentirme agradecido por tener un lápiz. Así pues, repetimos, la sexta idea es que estar agradecido por todo lo que se te presente te ayudará a atraer más dinero.

7. Pasa a la acción

El séptimo principio es pasar a la acción. Soy el tipo de la película *El secreto* que dice «El universo ama la velocidad». También soy el tipo que dice: «El dinero ama la velocidad». Prácticamente se ha convertido en mi lema: cuando tengo una idea, reacciono a ella y actúo rápidamente. Cuando se te ocurra una idea, te animo a ponerla en práctica y a actuar de inmediato.

Hay razones para actuar de inmediato. Te daré una rápida: cuando tienes una idea para ganar dinero, una forma de atraer mucho dinero de inmediato, viene con muchísima energía, una especie de subidón orgásmico. Te sientes emocionado, lleno de energía. Puedes utilizar esa energía para transformar esa idea en realidad.

Cuando tengo una idea para un libro, la mayoría de las veces lo dejo todo y empiezo a escribirlo. Estoy honrando la idea; creo que las ideas son regalos del universo, que me llegan sin previo aviso y de manera espontánea. Doy las gracias por la idea y la honro actuando de inmediato. Cuando paso a la acción, utilizo la energía que vino con la idea para conseguir llevarla a cabo lo antes posible.

A continuación, te voy a dar otro motivo para actuar con rapidez: después de tener una idea para un producto o un servicio, ¿alguna vez has entrado en una tienda y lo has visto en un expositor? Otra persona le dio forma. Esto pasa siempre. Creo que el universo está dando la misma idea a al menos media docena de personas en un momento dado. Cuando tienes una idea sobre un producto, un servicio, un libro o cualquier otra cosa, no sólo se te ocurre a ti, sino que también está llegando a varias personas al mismo tiempo. Si no actúas de inmediato, una o más de esas personas actuarán en consecuencia. Un día, dentro de seis meses o seis años, entrarás en una tienda y verás que se está vendiendo tu idea. Así pues, pasar a la acción es el séptimo principio.

Es muy importante que tan pronto como tengas una oportunidad, dediques un tiempo a practicar estos siete principios: léelos y escríbetelos para ti mismo. Una cosa es limitarte a leerlos, pero quieres que formen parte de tu alma viva.

CINCO PASOS PARA ATRAER DINERO

Quizá, llegados a este punto, te estés preguntando cuál es la mejor manera de modificar el mundo exterior para convertirlo en un lugar más seguro, más saludable y abundante. Es posible que te estés preguntando cómo puedes lograr un entorno que atraiga dinero independientemente de la situación económica. Tengo una fórmula de cinco pasos para ayudarte a hacerlo. Se ha demostrado que funcionan una y otra vez. La gente los ha utilizado para atraer automóviles, relaciones, dinero en efectivo, salud…, cualquier cosa que te puedas imaginar. A continuación, te comento los cinco pasos.

1. Ten claro lo que *no* quieres

Aunque puede parecer muy evidente, muchas personas aún se hacen las víctimas. Mencionan lo que no quieren, pero se quedan ahí; no van más allá.

Creo que es esclarecedor saber lo que no quieres. Haz un inventario de tus quejas. Si no quieres el trabajo que tienes en la actualidad, la cifra de dinero que has reunido o las facturas o deudas que acumulas —sea lo que sea—, haz una lista de estas cosas. Haz una lista: «Éstas son las cosas que *no* quiero cuando se trata de dinero». Verbalízalas. Haz un inventario mental, escríbelas todas y luego elimínalas de tu cerebro. Ése es el primer paso.

2. Intenta lo que prefieres

¿Por qué hemos hecho eso? Es sanador y catártico anotar estas cosas en un papel. Además, utiliza este paso como trampolín hacia el paso dos: *intentar lo que prefieres*. Pregúntate: «¿Qué quieres? ¿Cuánto dinero quieres? ¿Qué clase de trabajo quieres? ¿Qué tipo de puesto? ¿Qué tipo de negocio? ¿Qué clase de ventas? ¿Qué tipo de resultados empresariales?».

Mira todo lo que has escrito en el paso uno: todas tus quejas, las cosas que has dicho que no querías. Y, ahora, dales un giro de 180°. Si has dicho: «No quiero esta deuda», podrías convertir esta queja en una intención: «Tengo dinero más que suficiente para pagar todas mis facturas» o bien: «He pagado todas mis facturas y ahora soy financieramente libre», o incluso: «Ahora tengo dinero para pagar cualquier factura que se me presente». Debes declarar tu intención utilizando una fraseología que tenga más sentido para ti. Te tienes que sentir bien al decirlo y te tiene que resultar creíble.

Quieres pasar por todo este proceso por un par de motivos. En primer lugar, cuando declaras una intención, tu cuerpo y tu mente van en la dirección de esa intención. Realineas todo tu sistema de energías. Tu mente inconsciente, tu mente consciente y tu cuerpo van todos en la dirección de esa intención. Es algo muy poderoso.

Un segundo motivo para hacer este proceso tiene un aspecto tanto espiritual como psicológico: cuando declaras tu intención, envías un mensaje al universo. Luego te reorganiza a ti y a todos los demás (como piezas de ajedrez en un tablero) para cumplir tu intención. Aquí es donde entran en juego la magia y los milagros. Podrías terminar encontrándote con alguien que pueda cumplir tu deseo. O, de repente, abres una revista y ves un anuncio que responde a tu intención. Todo sucede con gran sincronicidad porque declaraste una intención clara.

Así pues, el primer paso consiste en exponer tus quejas, mientras que el segundo, en convertir tus quejas en intenciones.

3. Haz limpieza

El tercer paso consiste en hacer limpieza. Es decir, deshazte de tus creencias limitantes inconscientes que has tenido sobre el dinero. Si dices: «Quiero atraer dinero» mientras piensas inconscientemente que el dinero es malo, vetarás tu deseo consciente y no atraerás el dinero.

En este paso, haces lo necesario. Más adelante te guiaré a través de algunos procesos de limpieza y purificación de creencias. Aquí te deshaces de los bloqueos internos que te impiden obtener el dinero que quieres. Cuando te liberas de esa interferencia interna, el dinero simplemente llega, ya no hay nada que lo bloquee. Ahora eres libre para atraerlo.

4. «Nevilliza» tu objetivo

El cuarto paso consiste en «nevillizar» tu objetivo. «Nevillizar» es una palabra que he acuñado en honor al edificante autor Neville Goddard (1905-1972), a quien quiero mucho. Sus libros y grabaciones aún están disponibles, y te animo a leerlos y escucharlas. Neville creía que, si imaginas el resultado final de lo que quieres como si ya hubiera sucedido, lo convertirás en una realidad concreta.

Neville fue un místico adelantado a su tiempo, pero he observado que todavía hoy en día su sistema es válido. Aunque la visualización y las imágenes mentales son geniales, si quieres atraer dinero a tu vida a la velocidad de la luz, si realmente quieres pisar el acelerador, tienes que «nevillizar» tu objetivo. Esto significa imaginar que ya lo has logrado, y hacerlo con mucho sentimiento.

Cuando «nevillizas» tu objetivo, vas al resultado final de tu intención. Si dices, por ejemplo: «Ahora tengo 5 000 dólares de ingresos inesperados que aparecieron el viernes», *ahora* se refiere a un acontecimiento que ya ha pasado. Respiras hondo, cierras los ojos e imaginas qué se siente teniendo esos 5 000 dólares en ingresos inesperados *ahora*, entre tus manos, en este mismo momento. Podrías mirar tu cuenta corriente y verlos allí. Pero si dices que quieres un trabajo en concreto, romper un récord de ventas, recibir muchas recompensas financieras de varias maneras, ¿cómo se siente eso en tu experiencia *ahora*? Una forma de imaginarlo es fingiendo que estás al final del día en el que alcanzas tu objetivo. Escribes en tu diario: «Hoy he conseguido la independencia financiera. Ha sucedido de manera inesperada, de manera muy alegre, y es así como me siento: alegre». Escribe esto en un tiempo pasado, centrándote en el resultado final y los buenos sentimientos que surgen de él.

Cuando «nevillizas» tu objetivo, vas más allá de afirmaciones y visualizaciones. Neville dijo que entras en una cuarta dimensión con esta forma de pensamiento. No importa que aún no haya pasado. En tu mente, imaginas que tienes el resultado final. Cuando haces eso con sentimiento, ese objetivo «nevillizado» entra en la cuarta dimensión y comienza a echar raíces. Antes de que te des cuenta, atraes dinero en esta dimensión, en el mundo real que tú y yo conocemos. Ése es el cuarto paso: «nevilliza» tu objetivo.

5. Deja ir mientras haces una acción inspirada

El quinto y último paso consiste en dejar ir mientras haces una acción inspirada. Dejar ir mientras haces una acción inspirada significa desapegarte de tu deseo. De nuevo, si deseas algo demasiado, en realidad lo rechazarás, porque ese sentimiento de desesperación hará que te equivoques. Te sabotearás a ti mismo. No puedes necesitar tu resultado. Cuando lo necesitas, crees que no estás completo sin él y, entonces, se convertirá en una profecía autocumplida. Tienes que dejar ir tu necesidad, soltar tu apego, dejar ir cualquier adicción al resultado final. Debes poder decir: «Sería maravilloso si tuviera este dinero en mi vida, pero no moriré sin él». Tienes que partir de un lugar de neutralidad, un lugar de paz.

Y, aunque vengas de un lugar de paz, no te limites a quedarte sentado sin hacer nada. Por esta razón, el quinto paso consiste en dejar ir mientras haces una acción inspirada. Dado que has seguido todos estos pasos en este proceso, recibirás un empujón desde dentro para que hagas algo (puede ser comprar un libro o un programa, abrir un negocio, responder a un anuncio o conseguir un préstamo). Cuando sientes ese empujón inspirado para hacer algo, ya formas parte del proceso de atraer más dinero. Como he dicho antes, hay que actuar: al universo y al dinero les gusta la velocidad. Deja a un lado tu adicción a que tu resultado funcione de la manera que esperas. Deja ir cualquier exigencia de que todo ocurra de una manera determinada y al mismo tiempo haz una acción inspirada.

Para recapitular, éstos son los cinco pasos en el proceso de atraer dinero:

1. Ten claro lo que *no* quieres.
2. Declara tus intenciones. Convierte tus quejas en declaraciones de objetivos.
3. Deshazte de tus creencias limitantes y negativas.
4. «Nevilliza» tu objetivo: imagina que tu deseo ya se ha cumplido. ¿Qué se siente? Encuentra una manera de anclarlo en tu mente, aunque sólo sea por un momento.
5. Deja ir tu necesidad de que las cosas funcionen de una determinada manera mientras haces una acción inspirada, así podrás participar en el proceso de cocreación y atracción de dinero.

PROTÉGETE A TI MISMO DE LOS MENSAJES NEGATIVOS

De vez en cuando, escucharás a la gente cotillear junto a la fuente de agua fría, las noticias, algo en los medios de comunicación…, y te preocuparás. ¿Cómo te proteges a ti mismo? ¿Cómo puedes blindarte frente a los mensajes negativos que rodean al dinero?

Tengo cinco sugerencias. La primera es ignorar los chismes junto a la fuente de agua fría. Durante una época, hace décadas, trabajé para una gran compañía petrolera. Aprendí dónde estaba el apoyo y dónde la negatividad, y me mantuve alejado de ésta. Muy a menudo aparece en la barra del bar, junto a la fuente de agua fría o las zonas de fumadores. Puedes optar por alejarte e ir a donde haya apoyo, o por desconectar de los chismorreos.

También tienes otra opción cuando se trata de los medios de comunicación. Hay muchos programas e informativos positivos, pero también se emite una gran cantidad de programación negativa. Yo te aconsejo que apagues las noticias negativas. No presto atención a los medios de comunicación. No leo los periódicos. No veo las noticias.

Una vez entrevisté al fallecido Bill Bartmann (un multimillonario que previamente había llegado a ser un sintecho). Me dijo que miraba las noticias durante unos tres minutos, sólo para hacerse una idea de los temas más importantes, pero que no se tragaba todo el noticiero. Ni siquiera creo que necesites escuchar los tres minutos, pero si quieres enterarte de las noticias principales, tal vez puedas encender la tele unos minutos y luego pasar a otra cosa.

Mi creencia es que los medios de comunicación se diseñan para dar a conocer las noticias más negativas que hay. Dado que son una herramienta de persuasión altamente refinada, saben cómo alimentar la negatividad directamente en tu cerebro. A menos que crees un campo de fuerza alrededor de tu mente, es muy difícil mirar los medios de comunicación con neutralidad. Así que mi segundo paso es decir: «Apágalo».

El tercer paso es leer material positivo. Encuentra revistas y artículos positivos, sitios web y libros positivos, y alimenta tu mente con algo saludable.

El cuarto punto es escuchar material positivo, como programas de audio. Alimenta tu mente con material positivo a través de los oídos.

El quinto paso —y éste es increíblemente poderoso— consiste en obtener apoyo. Por ejemplo, puedes crear un Master Mind. Éste consiste en un grupo de cinco o seis personas (por lo general, no más de seis ni menos de tres) que se apoyan mutuamente para alcanzar sus sueños. Puedes crear un Master Mind en torno a este libro. Puedes buscar cinco o seis personas que, por turnos, hablen sobre sus objetivos financieros. Todas aportan ideas, información y recursos para ayudarse mutuamente a atraer más dinero. Tener un Master Mind (un grupo de amigos que te apoyen) es una manera de protegerte de los mensajes de los medios de comunicación sobre la situación económica, que en este momento sabemos que ni siquiera importa.

Otra cosa que puedes hacer es recibir coaching. Con el coaching, tienes a alguien fuera de tus limitaciones mentales que te ayuda a progresar, facilitando que veas tus posibilidades, así como tus limitaciones de creencias para que puedas cambiarlas.

Otra forma de conseguir apoyo es tener un amigo, alguien como un Master Mind en miniatura, con quien puedas compartir lo que intentas hacer y a la vez también le puedas proporcionar el mismo sistema de apoyo.

A modo de recapitulación, hay al menos cinco cosas que puedes hacer para repeler los mensajes negativos:

1. Ignora los chismorreos en la fuente de agua fría.
2. Desconecta de los medios de comunicación.
3. Lee material escrito positivo.
4. Escucha material positivo.
5. Busca apoyo a través de un Master Mind, coaching o amigos, entre muchas otras maneras.

MARKETING KÁRMICO

Es probable que te estés preguntando por qué parece que cuesta tanto tiempo atraer lo que quieres. ¿Cómo puedes atraer dinero de una manera más rápida y sencilla? No te culpo por hacerte estas preguntas; yo mismo me las he formulado en el pasado. Creo que lo único que impide que alguien atraiga dinero es su propia forma de pensar, su propio sistema de creencias. Una vez más, entraremos en detalles para ver cuáles de tus creencias pueden suponer un obstáculo en el proceso. A medida que te vayas liberando de ellas y que vayas adquiriendo claridad, agilizarás el proceso de atraer riqueza, dinero o cualquier otra cosa que desees a tu vida. Cuando consigas eliminar los bloqueos que hay dentro de ti, serás libre de atraer lo que quieras.

Sin embargo, hay algunos trucos a los que podemos recurrir. Uno es lo que llamo *marketing kármico*. Yo he inventado esta expresión. Realmente tiene que ver con dar. He descubierto que, cuando das lo que quieres atraer, atraes más de ello. Una vez escribí un librito titulado *The Greatest Money Making Secret in History*. Aún estoy orgulloso de él, sobre todo por el título, pero hace referencia a una cosa: dar. Si quieres que el dinero circule por tu vida, empieza por regalarlo.

Hace décadas, cuando oí por primera vez esta idea, pensé: «¿Cómo puedo dar dinero? No tengo dinero para dar. No tengo nada». Cuando conseguí ser implacablemente honesto conmigo mismo, me di cuenta de que me estaba mintiendo. Incluso cuando sólo me quedaba un dólar en mi bolsillo, tenía una cantidad de dinero que podía regalar: podía regalar el 10 %; podía regalar un centavo. Pero mi mentalidad era de escasez, así que pensaba: «No puedo regalar ese dólar, porque lo necesito».

¿Eres consciente de las creencias en el trabajo? ¿Eres consciente de la programación en el trabajo? Ésta es la mentalidad que evita que el dinero sea atraído a tu vida. Tienes que dejar ir. El dinero tiene que circular. Eso lo aprendí cuando comencé a regalar dinero. Cuando hacía esto cada vez que recibía alimento espiritual o inspirador, el dinero tendía a regresar a mí bastante rápido. Volvía a mí aún más rápido una ocasión en la que limpié mis creencias y me alejé de las limitaciones de mi mente. Cuanto más dinero regalaba, más recibía.

He hablado con otras personas ricas que han hecho todo lo posible para regalar dinero, pero parece que no puedan hacerlo. Después de que Percy Ross[3] se hizo multimillonario, dedicó el resto de su vida a

---

3. Percy Ross (1916-2001) fue un multimillonario estadounidense, conocido por su filantropía: se calcula que donó entre 20 y 30 millones de dólares a lo largo de su vida. *(N. del T)*

regalar su dinero. Cuando murió, su riqueza valía unas diez veces más que cuando empezó a regalarla. En resumen, no podía regalar el dinero: cuanto más lo intentaba, más dinero le llegaba.

He experimentado con el marketing kármico a lo largo de mi vida. Una vez, cuando trabajaba para la compañía petrolera en Houston, fui a comer. Después de años de hacer lo mismo de siempre, entré en un barrio en el que nunca había estado antes y me encontré con una tienda de *delicatessen* italiana. Yo era nuevo en Texas. Nací y me crie en Ohio con una familia italiana, por lo que tener auténtica comida italiana era algo habitual que ya no podía conseguir. Cuando vi la tienda de *delicatessen* italiana, me detuve de inmediato, entré y encontré a un maravilloso hombrecillo italiano que vendía la comida italiana más auténtica que había probado desde que dejé Ohio.

Compré un sándwich, volví a mi despacho y me lo comí. Tenía los ojos lacrimosos por lo que estaba pensando: «Esto me recuerda a mi hogar. Esto me recuerda las comidas que he estado anhelando y añorando».

Llamé al tipo de la tienda de *delicatessen* italiana y le dije:

—Acabo de estar en su tienda y le he comprado un sándwich.

— Sí –respondió él.

Estaba a la defensiva, porque pensaba que me iba a quejar por algo.

—Quiero que sepa que es el mejor sándwich que he comido en al menos los últimos quince años. Era absolutamente maravilloso.

El hombre me dio las gracias. Colgué el teléfono y pensé: «En realidad no lo ha entendido. No es consciente de cuánto me ha impactado».

Cerré la puerta de mi despacho y me pasé esa tarde reescribiendo el menú de *delicatessen*. Lo hice mucho más apetecible con escritura hipnótica y mucho más atractivo gráficamente con algunas imágenes. Lo compuse utilizando el equipo de la empresa que tenía a mi disposición. Cuando terminé, miré el menú y pensé: «Esto es realmente bueno». Imprimí mil ejemplares y coloqué ese menú en todos los tablones de anuncios de los dos edificios de la zona donde trabajaba.

Al día siguiente, fui a comer otra vez a aquella tienda. El aparcamiento del establecimiento estaba lleno. Toda una fila de personas salía por la puerta. El dueño me vio y salió corriendo con lágrimas en los ojos.

—No me puedo creer que hayas hecho esto –me dijo.

—¿El qué?

—Has escrito este menú. Aparentemente lo has colgado en la compañía petrolera, porque toda esta gente que viene a comer trabaja allí.

—Esto no es nada –le dije mientras le mostraba los mil ejemplares que había impreso–. Todo esto es para ti.

Obré de ese modo por un sentido de gratitud, porque quería dar. Di sin esperar nada a cambio, pero no tuve que pagar una comida durante el siguiente año y medio: cada vez que iba allí, el hombre me daba lo que quería.

Pero la historia se pone aún más interesante. Unos años más tarde, en un momento dado, mi esposa y yo queríamos mudarnos. Iba a dejar la compañía petrolera, nuestra economía era muy justa y no teníamos mucho crédito. Quería encontrar una casa a la que mudarme, pero no podía hacerlo con un crédito bajo. Mi amigo italiano me dijo que su casa, que él mismo había construido y en la que se había criado toda su familia, había estado vacía durante un año. Quería venderla, pero no a cualquiera. Así pues, me la vendió. Además, nos financió, lo que nos facilitó mucho las cosas. Vivimos allí durante doce años; cuando nos separamos, se quedó en ella hasta que falleció. Todo esto vino del hecho de dar.

Puedes dar cualquier cosa que quieras recibir. Permíteme ponerte un ejemplo de marketing kármico en un nivel diferente. En una ocasión oí la historia de un niño pequeño que había sufrido un derrame cerebral seis semanas después de nacer. Se llama Kirk. Hasta el momento no he conocido a Kirk, ni tampoco he conocido a su madre. Pero conocí la historia a través de un amigo en común, quien me explicó que después del derrame, Kirk quedó paralizado. Necesitaba una máquina especial que lo ayudara a volver a entrenar su cuerpo y su mente para mover las extremidades.

Cuando vi fotografías del pequeño Kirk, parecía ser el niño más feliz del planeta. Pensé: «Alguien tiene que hacer algo por él». Oí que la máquina costaba 15 000 dólares. Respiré profundamente. No sé qué significa esa cifra para ti, pero sí que significa mucho para mí. Sin embargo, firmé un cheque por valor de 15 000 dólares y se lo envié a la mamá de Kirk.

Esperaba que el pequeño mejorara. Esperaba que me enviaran fotos de él y que alguien pudiera coger su manita, pero di 15 000 dólares por esa máquina sin esperar nada a cambio.

Más tarde, ese mismo día recibí 35 000 dólares en ingresos inesperados, mucho más de lo que había donado por la máquina de ejercicios de Kirk. Este dinero salió de la nada. Estaba absolutamente encantado con él, pero no lo esperaba. Verdaderamente fue una sorpresa para mí.

Así es como atraes dinero cuando empiezas a regalar, cuando implementas el principio del marketing kármico. Si quieres acelerar el proceso de atraer dinero, tienes que dar. Da dinero, da lo que puedas, dondequiera que recibas alimento espiritual e inspirador. No tiene que ser dinero, también pueden ser habilidades. Cuando escribí el menú para la tienda de *delicatessen* italiana, estaba usando las habilidades que tenía y el equipo al que tenía acceso en ese momento.

Así es como atraes dinero cuando empiezas a regalar, cuando e implementas el principio del marketing kármico. Si quieres acelerar el proceso de atraer dinero, tienes que dar. Da dinero, da lo que puedas, dondequiera que recibas alimento espiritual e inspirador. No tiene que ser dinero, también pueden ser habilidades. Cuando escribí el menú para el establecimiento italiano, estaba utilizando las habilidades que tenía y el equipo al que tenía acceso en ese momento.

Cuando firmé ese cheque por valor de 15 000 dólares, probablemente me sentí mejor que con la mayoría de los cheques que he firmado en mi vida. Una parte de mí estaba rebosante de alegría y se sentía tan radiante que algo se abrió en mi interior. Creo que eso es lo que pasa cuando empiezas a dar: algo dentro de ti se abre en un grado que nunca habías experimentado. Esa apertura permite que el dinero regrese a ti.

Estoy haciendo muchas más cosas con el marketing. Por ejemplo, estoy iniciando un movimiento para terminar con las ejecuciones hipotecarias y la falta de vivienda en Estados Unidos. Se llama «Operation Yes!».[4]

---

4. El nombre de la «Operation Yes!» es un juego de palabras: por un lado, *yes* significa «sí», pero también corresponde a las siglas de *your economic salvation* («tu salvación económica»). *(N. del T)*

En resumen, si realmente quieres acelerar el proceso de atraer más dinero, da. Da dinero, da servicio, da habilidades, da tiempo, da energía, pero da. Cuanto más das, más te abres a recibir. Es una maravillosa manera de marcar una diferencia en tu propia vida, en la de tu comunidad e incluso en el mundo.

Éste es uno de los mejores consejos que puedo compartir contigo en este momento.

De nuevo, si quieres atraer dinero, indudablemente tienes que dar dinero. Si no lo haces, es porque tienes una mentalidad basada en el miedo. Tienes un bloqueo dentro de ti que te dice: «Si doy mi dinero, no recibiré más». Ese pensamiento es de escasez, de victimismo. Ésa es una mentalidad de miedo y, en realidad, impedirá que el dinero llegue a ti.

Yo estaba en el mismo lugar. Me encontraba justo en el mismo lugar donde estás tú. Creía que, si daba dinero, no recibiría más. Tardé una eternidad en darme cuenta de lo que espero que te des cuenta ahora mismo: cuando des dinero, comenzarás a atraer dinero.

No estoy hablando de que debes vaciar tu cartera o tu cuenta de ahorros, sino que necesitas dar algo de dinero (por lo general el 10 %) a dondequiera que recibas alimento inspirador o espiritual. Eso depende de ti. Si no estás regalando dinero ahora, es una señal de bloqueo. Por este motivo no atraes dinero: existe la creencia y el temor de que no habrá más. Si te fijas bien en ese miedo, es una gran mentira, porque el dinero siempre circula.

Siempre consigues más dinero. Si realmente vaciaras ahora mismo tus bolsillos o tu cartera y dieras el dinero a una persona sin hogar, sabrías que atraerás algo de dinero de alguna manera, ya sea hoy, mañana o pasado mañana. Es la naturaleza del universo llenar un vacío. Pero si te aferras a ese dinero, mantendrás la creencia de que no hay suficiente y que no conseguirás más y, tal vez, ni siquiera merezcas más.

Dar dinero es esencial para atraerlo, y te animo a que lo hagas hoy mismo. Piensa en qué te ha inspirado, alimentado espiritualmente o incentivado. Dona el 10 % de lo que llevas en este momento a esa persona, ese lugar o esa cosa. Hazlo ahora mismo. Da ese primer paso. Ya.

DESCUBRE TU MISIÓN EN LA VIDA

Para finalizar este capítulo, te invito a pasar por un proceso para descubrir tu misión de vida. Esto es divertido; lo hago de vez en cuando sólo para saber cuáles son mis próximos pasos. En su libro *Pide y recibirás*, Pierre Morency dice que debes pedir lo que quieres. El hecho de pedir te enfoca y dirige la energía del universo para que se manifieste contigo.

En su libro, Morency pregunta: «¿Qué has pedido cuando te has levantado esta mañana?». Me encanta la pregunta y ahora me la hago todas las mañanas cuando me despierto. Es mi desayuno.

Otra pregunta del libro puede ayudarte a encontrar tu pasión. Morency pregunta: «¿Qué harías si tuvieras todo el oro del mundo? ¿Qué harías si pudieras hacer que el dinero apareciera sólo con chasquear los dedos? ¿Qué harías después de las 12 casas, los 14 viajes y los 28 coches de lujo?».

¿Cómo responderías a esta pregunta? Tu respuesta es una pista importante de tu vocación, tu propósito de vida, tu pasión. No te lo tomes como un ejercicio ligero; no seas frívolo. Creo que hay una gran profundidad en la pregunta. Haz una pausa y juega con la posibilidad de que acabas de ganar la lotería, has recibido una herencia o, después de leer este libro, has atraído suficiente dinero para ser rico de forma independiente.

Ahora que tienes todo el dinero que siempre has soñado, ¿qué vas a hacer? Saber la respuesta te ayudará a descubrir tu propósito vital, y cuando sigas tu propósito vital, atraerás dinero de una manera fácil, rápida y sencilla.

TRES
NUEVE SECRETOS PARA ATRAER DINERO

En este capítulo hablaré sobre los nueve secretos para atraer dinero. Como soy un hombre emprendedor, orientado a resultados, necesito obtener resultados. Estos nueve secretos te ayudarán a atraer dinero. De hecho, está garantizado que te ayudarán a ello.

LOS NUEVES SECRETOS DE JOE PARA ATRAER DINERO

1. Da dinero.
2. Haz limpieza.
3. Actúa.
4. Apoya una causa.
5. Obtén apoyo.
6. Sé agradecido.
7. Haz lo que te gusta.
8. Eleva tu pensamiento.
9. Los problemas crean oportunidades.

DA DINERO

Metámonos de inmediato y veamos el secreto número uno: *dar dinero.* Déjame recordarte que resistirse a dar dinero es una señal de que tienes un bloqueo con respecto al dinero. Tienes la sensación o el miedo de que no hay suficiente para todos, que hay escasez o que tú personalmente, de los 7 500 millones de personas que habitan el planeta, no recibirás más dinero si lo das. Debes tenerlo en cuenta.

HAZ LIMPIEZA

El secreto número dos consiste en *hacer limpieza*. Ya he hablado de esto, pero ahora quiero describir un proceso de limpieza de creencias sobre el dinero.

Buscas una creencia sobre el dinero y encuentras el beneficio positivo que tiene; luego a su vez buscas un beneficio positivo al beneficio. Te guiaré a través de este proceso para que tenga más sentido.

¿Qué creencia tienes sobre el dinero? Podría ser que el dinero sea malo para ti, que no haya suficiente para todos, que sea algo malo. Podría ser que el dinero te vaya a contaminar. Podría ser que el dinero haga que el Internal Revenue Service[1] te persiga. Es probable que inmediatamente te haya surgido una creencia al leer esto. Si no es el caso, limítate a elegir una de las que acabo de mencionar para poder hacer este ejercicio. Puedes hacerlo mentalmente o por escrito.

Pongamos que tu creencia es; «El dinero es malo para mí». Entonces te preguntas; «¿Cuál es el beneficio positivo de la creencia de que el dinero es malo para mí?». Podría ser que la creencia te protege de hacerte daño. En otras palabras, tiene un beneficio positivo. Así pues, escribirás: «Creer que el dinero es malo para mí me protege de hacerme daño».

A continuación, te preguntas: «¿Cuál es el beneficio positivo de ese beneficio?». Pongamos que respondes: «Esa creencia me protege de hacerme daño». ¿Cuál es el beneficio positivo de esa creencia? Podría ser que consigues actuar con prudencia. Actuar con prudencia es el beneficio de creer que la creencia de que el dinero es malo para ti te protege de hacerte daño.

---

1. El Internal Revenue Service (Servicio de Impuestos Internos) es el organismo federal del gobierno de Estados Unidos encargado de la recaudación fiscal y del cumplimiento de las leyes tributarias. En España, el organismo con dichas funciones es la Agencia Estatal de Administración Tributaria (AEAT). *(N. del T)*

Entonces te preguntas: «¿Cuál es el beneficio positivo de actuar con prudencia?». Podría ser que no te sientas juzgado o que sientas que eres normal. Podría ser que, al actuar con prudencia, creas que no serás juzgado por otras personas. Ése es el beneficio del beneficio anterior.

Cuando escribas todo esto, adquirirá mucho más sentido. Si continúas y dejas que sea un proceso que se desarrolla fácilmente, llegarás a una sorprendente conclusión. Terminarás considerando tu creencia original, «El dinero es malo para mí», con tu beneficio final positivo: «Creer que el dinero es malo para mí evita que me juzguen. Me mantiene sintiéndome seguro».

Si los escribes, terminarás con una sentencia muy parecida a ésta: «La creencia de que el dinero es malo para mí hace que me sienta seguro y no juzgado».

Ahora esto se vuelve muy interesante, porque cuando te das cuenta de que encuentras varias capas de beneficios en una creencia que en realidad no te sirve, terminas pensando: «Esa creencia es realmente tóxica para mí». La creencia («El dinero es malo para mí»), aunque tiene beneficios positivos, termina siendo una sentencia que no te sirve.

En este caso particular, «El dinero es malo para mí», es una creencia que te mantiene a salvo, pero, en realidad, es así? El dinero es un medio de intercambio; en sí mismo, es sólo energía. No tiene ninguna intención. No obstante, si no tienes dinero, no puedes pagar las facturas, el coche, los servicios públicos, la casa, los lujos ni siquiera puedes cubrir las necesidades vitales más básicas. ¿La creencia de que «El dinero es malo para mí» te mantiene a salvo? ¿Es realmente una creencia positiva que te sirve?

Cuando lo examinas a fondo, te das cuenta de que la creencia «El dinero es malo para mí», en realidad, te hace daño: te está limitando. Cuando consideras esta creencia desde una perspectiva más a fondo, te das cuenta de que no te sirve. Cuando comprendes que esta creencia no te sirve, comienza a desvincularse de tu sistema.

Las creencias son como un software para la mente. Son parte de la programación que te permite conseguir los resultados que logras justo en este momento. Cuando piensas: «El dinero es malo para mí», ¿realmente crees que podrás atraer dinero? No, todo lo contrario, lo alejarás. Encontrarás razones para no tenerlo. Puede decir conscientemente: «Quiero dinero», pero si tienes la creencia de que «El dinero es malo para mí», lo bloquearás. Hallarás la forma de no traerlo a tu vida. Harás todo lo posible, inconscientemente, para evitar que el dinero sea atraído a tu mundo.

Este proceso de limpieza de creencias arroja una luz profunda y penetrante sobre una creencia. Puedes hacer esto con cualquier creencia.

PROCESO DE LIMPIEZA DE UNA CREENCIA

Prueba esta práctica. Si lo deseas, puedes escribir tus respuestas en el libro.

Mi creencia original es:

El beneficio que obtengo al afirmar esta creencia es:

La creencia consecuente que tengo es:

El beneficio que obtengo al afirmar esta creencia es:

La materialización que consigo es:

Cuando diseccionas estas creencias, te das cuenta de que es posible que no te sirvan y que puedes abandonarlas. Aquí estás jugando al detective. Estás esquematizando una creencia para descubrir sus beneficios percibidos. Expones la creencia con los beneficios que has vinculado a ella y te preguntas si te sirve. Cuando descubres que no te ha servido, eres libre de abandonarla, aunque, sorprendentemente, a menudo comienza a irse por su cuenta. Una vez más, ésta es otra forma de hacer limpieza de las creencias limitantes. Es el secreto número dos en los nueve pasos para atraer dinero. Tener las cosas claras es otro paso para atraer la riqueza deseada.

ACTÚA

El secreto número tres consiste en *actuar*. Me he pasado bastante tiempo hablando de acción, pero quiero recordarte que deberías actuar tan pronto como tengas una idea para hacer algo. Tu parte en el proceso de cocreación para atraer más dinero consiste en actuar sobre las ideas que te llegan. Si no actúas, significa que tienes miedo. Tienes miedo al fracaso... o al éxito.

Haz limpieza de estas creencias, porque cuando puedes hacer una acción inspirada, puedes generar más dinero sin interferencias, demoras o autosabotaje. Como ya he dicho, al universo le gusta la velocidad. Al dinero le gusta la velocidad.

APOYA UNA CAUSA

El secreto número cuatro es *apoyar una causa*. Por lo general, las personas no consideran que se merecen cosas buenas en sus vidas. Hace mucho tiempo, descubrí esta visión psicológica: una forma de evitar esta creencia consiste en engañarte a ti mismo creyendo que mereces dinero para apoyar una causa. Cuando comienzas a no pensar sólo en ti mismo y piensas en otras personas además de en ti mismo, expandes tu capacidad de recibir.

Como ya he mencionado, he creado la «Operation Yes!» para ayudar a acabar con las ejecuciones hipotecarias y la falta de vivienda en Estados Unidos. En cierto sentido, este objetivo suena extraño y absurdo. ¿Cómo puede alguien hacer eso? Todo comienza con un pensamiento. (A continuación, te explicaré cómo elevar tu pensamiento).

Empecé la «Operation Yes!» en parte para sobreponerme a mi traumática experiencia como persona sintecho y en parte porque ya había pasado por ello y sabía que las personas podían salir de estas situaciones con apoyo, habilidades, capacitación y ayuda. Al iniciar la «Operation Yes!», estaba haciendo algo más grande que mi propio ego.

Ése es el secreto. No tiene que ser una causa que tú mismo inicies, pero cuando apoyas una causa, empiezas a librarte de tus propias limitaciones mentales. Cuando actúas sólo para ti, cuando quieres dinero sólo para ti, tu ego entra en acción. Las limitaciones de tu ego bloquean tu capacidad de atraer dinero. Sólo permitirás que entre mucho.

En cambio, cuando apoyas una causa, estás haciendo algo por otras personas además de por ti mismo. Esto expande tu mente, tu corazón y tu capacidad de recibir.

Apoya una causa. Es una excelente manera de expandir tu capacidad para recibir dinero. Encuentra o crea una en la que puedas creer.

OBTÉN APOYO

El secreto número cinco es *obtener apoyo*. Como ya he indicado, esto podría significar conseguir coaching, crear un grupo Master Mind, o simplemente tener un amigo con el que compartir tus ideas. En cualquier caso, creo que conseguir apoyo es uno de los mayores secretos millonarios para atraer dinero.

Intentar ser un llanero solitario en la vida y hacer todo por ti mismo es una manera segura de autosabotaje. Cuando atravesaba una situación de miseria en Houston, durante mucho tiempo intenté hacerlo todo por mi cuenta; era un llanero solitario. Fui a seminarios en los que oí que, si estás intentando hacerlo todo por tu cuenta, estás en un regodeo ególatra. Si realmente quieres tener éxito, ayuda a otras personas y deja que otras personas te ayuden. Obtener apoyo es una maravillosa manera de conseguir resultados.

No me refiero a obtener apoyo financiero. No estoy hablando de conseguir un préstamo (aunque eso podría ser una acción útil en un momento dado), sino a tener el apoyo emocional y psicológico que proviene de contar con alguien que cree en ti. Alguien que te dice: «Tú puedes hacerlo». Alguien que te dice «Adelante, busca la luna, las estrellas, lo que quieras». Alguien que te esté apoyando en tus objetivos de ser financieramente libre. Ése es un gran secreto, el secreto número cinco.

SÉ AGRADECIDO

El secreto número seis es *ser agradecido*. Ya he mencionado que comencé mi proceso de gratitud cogiendo un lápiz —un lápiz barato, amarillo, del número dos— y sintiéndome agradecido por él. No tienes que utilizar un lápiz, no tienes que hacer nada en particular, tan sólo mira a tu alrededor ahora mismo y encuentra algo, cualquier cosa, por la que te sientas genuinamente agradecido.

Podría ser el cielo, tus brazos, tu reloj, tu ropa, tu vida, tu pareja o tu mascota. Encuentra algo por lo que en este momento te sientas realmente agradecido.

Aquí entra en acción la verdadera magia. Éste es un principio muy espiritual y psicológico: cuando te sientes agradecido por lo que tienes en este momento, atraes aún más cosas por las que estar agradecido.

Ahora vivo en una propiedad de lujo y tengo un jacuzzi afuera, bajo las estrellas de Texas. Me meto en él casi todas las noches. Cuando estoy dentro, miro las estrellas y digo «Gracias por mi vida, por todo lo que ha pasado hoy, por los resultados, por los beneficios»... sean los que sean. Me centro en la gratitud. Al sentir esta gratitud, mi corazón se abre, mis ojos se humedecen y, a veces, incluso lloro. Es un lugar maravilloso en el que estar.

Como me siento agradecido todas las noches y tantas veces como sea posible durante el día, atraigo más dinero, más experiencias, más premios, más películas, más programas de televisión, más libros, más [llena tú mismo el espacio en blanco]. Estas cosas se precipitan en mi vida con gozosa sorpresa; ya no tengo que hacer que pasen.

Algo maravilloso ocurre cuando aprendes el secreto para atraer dinero: te desplazas a un lugar de gratitud. Estás agradecido en este momento y todos los momentos posteriores van cada vez mejor; no tienes que hacer mucho más que estar agradecido por el momento.

Ser agradecido es algo que puedes hacer ahora mismo. Respira profundamente y di: «Estoy agradecido por este libro» o «Estoy agradecido por [llena tú mismo el espacio en blanco]». Encuentra algo que agradezcas y muévete ahora mismo hacia esa energía.

HAZ LO QUE TE GUSTA

El secreto número siete es *haz lo que te gusta*. Este punto no debería sorprenderte, porque muchas personas se han manifestado durante mucho tiempo sobre hacer lo que te gusta. Joseph Campbell dijo «Sigue tu felicidad». La autora Marsha Sinetar dijo: «Haz lo que amas y el dinero te seguirá».

Reformulo este principio. Los entrevistadores a menudo me han preguntado: «Joe, ¿a qué le debes el secreto del éxito? ¿Cómo pasaste de ser un vagabundo a multimillonario? ¿Cómo lo pudiste hacer?» Yo respondo: «Básicamente, seguí mi entusiasmo». Sigo mi corazón, mi pasión. Sigo las cosas que me han emocionado, que me han llamado la atención, que me han entusiasmado.

Cuando realizaba la labor de investigación para escribir mi libro sobre P. T. Barnum,[2] *There's a Customer Born Every Minute*, este hombre me fascinó. Contrariamente a la creencia popular, nunca dijo: «A cada minuto nace un idiota». Ésa es una leyenda urbana. Aunque era un genio en marketing, en realidad, también era una persona muy espiritual. Sus vecinos lo llamaban reverendo Barnum porque era muy espiritual y estaba muy interesado en entender la vida. Verdaderamente conocía el poder de dejar ir. Su epitafio en la pequeña lápida de hormigón en Bridgeport (Connecticut) reza: «Not my will, but thine be done» («No se haga mi voluntad, sino la tuya»).

Escribí mi libro sobre Barnum por la fascinación personal que me despertaba. No sabía que me haría estar en PBS[3] o que sería uno de mis primeros éxitos de ventas. Tan sólo estaba haciendo lo que me gustaba. He visto una y otra vez que cuando sigues a tu corazón (siempre que utilices estos otros secretos), vas en la dirección de atraer dinero. Cuando sigues a tu corazón, parece que te estás alineando con el universo. El universo te recompensa con cosas como el dinero. El secreto número siete es hacer lo que te gusta.

ELEVA TU PENSAMIENTO

El secreto número ocho es *eleva tu pensamiento*. Como dijo Einstein, «Ningún problema puede ser resuelto en el mismo nivel de pensamiento en el que se creó».

¿Cómo cambias tu mentalidad? ¿Cómo elevas tu pensamiento? Hay cuatro etapas en el despertar. La primera es el *victimismo* y la se-

---

2. Phineas Taylor Barnum (1810-1891) fue un empresario, político y artista circense estadounidense. También fue autor, editor e incluso llegó a ser el alcalde de Bridgeport (Connecticut). *(N. del T)*

3. Fundado en 1969, el Public Broadcasting Service (PBS) (que se traduciría como «Servicio Público de Radiodifusión») es la red de televisión pública de Estados Unidos. Actúa como una organización sin ánimo de lucro que se encarga de distribuir programas a los canales públicos de la nación. *(N. del T)*

gunda es el *empoderamiento*. Cuando dejas el victimismo y pasas al empoderamiento, comienzas a elevar tu pensamiento. Las víctimas no creen que puedan cambiar sus vidas, marcar una diferencia o tener más dinero. Tampoco creen que haya soluciones para sus problemas o para los del mundo. Las personas que están empoderadas, sí.

Cuando pasas a la segunda etapa del despertar, te preguntas: «¿Cómo puedo resolver estos problemas?» o «¿Cómo puedo traer dinero a mi vida?» o «¿Cómo puedo atraer más riqueza a mi carrera?». Te haces preguntas diferentes y obtienes resultados también diferentes. Elevar tu pensamiento es pensar parcialmente en términos de posibilidad.

Volvamos al juego «¿Y si funciona?». En lugar de pensar que es imposible atraer dinero, hazte preguntas muy diferentes y mucho más poderosas, por ejemplo: «¿Qué he de pensar para atraer dinero?» o «¿Qué puedo hacer para atraerlo?» o «¿De dónde me llegará el dinero de formas inesperadas?». Elevas tu pensamiento hasta el punto en que ya no te dejes llevar por las circunstancias o reacciones ante otras personas o eventualidades. Ahora partes de un punto en el que tú eres el responsable de tu propia riqueza, de lo que obtienes, porque has elevado tu pensamiento para tener una perspectiva más amplia.

Una vez fui a visitar a un pariente en Ohio y él se mostró maravillado con mi riqueza (mi patrimonio, mi colección de automóviles de guitarras y toda mi parafernalia). Me miró y exclamó:

—Nunca podré tener lo que tú tienes.

Eso me sorprendió, porque ya no es así como pienso. Antes lo pensaba, pero conseguí elevar mi pensamiento.

Lo miré y le dije:

—¿Por qué no puedes tener nada de esto?

En su mente, a causa de que trabajaba de las nueve a las cinco de la tarde y que cobraba por horas, le resultaba imposible conseguir el éxito.

Miró a su alrededor y dijo:

—Tengo un trabajo y un sueldo.

No conseguía ver más allá de eso. No imaginaba otras posibilidades.

«Si elevas tu forma de pensar, te vuelves más emprendedor y aprendes estos secretos para atraer dinero, puedes tener lo que yo tengo o incluso más», pensé.

Aprendí hace mucho tiempo de mi amigo Bob Proctor que cuando el dinero te llega, no proviene de tu trabajo, sino que viene *a través de* tu trabajo. El dinero que atraes no procede necesariamente de donde tú crees. Si tienes un trabajo y piensas: «Voy a ganar tanto dinero con este trabajo», te olvidas de que el universo puede proporcionarte todo tipo de puertas y ventanas nuevas por las que recibir dinero; tu trabajo es sólo una de ellas. Al elevar tu pensamiento, exclamas: «El dinero puede llegar hasta mí de muchas maneras».

«¿Cómo es posible? Sólo soy un escritor, sólo puede venir a mí gracias a mis libros», pensé también yo hace mucho tiempo, cuando oí por primera vez este concepto. Desechaba la idea de que podría participar en películas, publicar audios y vídeos, que podría formar parte del circuito de oradores, inventar productos que me harían ganar mucho dinero… Mi mente permanecía cerrada y sólo veía un pequeño agujero de posibilidades.

En el secreto número ocho, elevas tu pensamiento para comprender que el dinero te puede llegar de muchísimas maneras, sorprendentes, inesperadas e impredecibles.

LOS PROBLEMAS CREAN OPORTUNIDADES

Finalmente, el secreto número nueve es que los problemas crean oportunidades. Una de mis personas favoritas es la celebridad en el marketing Donny Deutsch. Donny dice: «Dondequiera que mires a tu alrededor y veas que alguien tiene un problema, o tú tienes un problema, ésa es una oportunidad para ganar dinero». Si miras a tu alrededor y exclamas: «¡Dios!, me gustaría que alguien hiciera algo al respecto» o «Me gustaría que alguien creara un servicio para gestionar este problema concreto» o «Me gustaría que alguien pudiera resolver este dilema», te acabas de dar una gran señal para una oportunidad de hacer dinero. Dondequiera que oigas que hay un problema, eso es una señal de dinero. Éste es el secreto número nueve: aprender a considerar los problemas como oportunidades.

Acabar con la pobreza

Quiero compartir una percepción que tengo sobre cómo las personas se relacionan con el dinero. Pensé en ello cuando se me ocurrió la idea de crear «Operation Yes!». Por entonces, me hacía preguntas del estilo: ¿Cómo podría ayudar a las personas a parar las ejecuciones hipotecarias? ¿Cómo podría ayudar a alguien que se encuentra en la calle a recuperarse? Me di cuenta de que hay tres formas de acabar con la pobreza, las ejecuciones hipotecarias y la falta de vivienda. Y todas ellas están directamente relacionadas con el hecho de atraer más dinero.

La primera forma es mejorando tu autoestima, lo que yo llamo *tu nivel de merecimiento*. Cuando era un sintecho, me sentía inútil. Tenía baja autoestima y una pobre imagen de mí mismo. Pensaba que no valía mucho y que no merecía mucho. Mi nivel de energía y amor propio estaba increíblemente bajo. Creo que cualquiera que intente atraer dinero necesita mejorar su autoestima y su nivel de merecimiento. ¿Cómo se hace esto?

En primer lugar, perdónate a ti mismo. Cuando consideraba el hecho de que era un vagabundo, tuve que decirme a mí mismo: «Joe, lo estabas haciendo lo mejor que podías». Todos lo hacemos lo mejor que sabemos hacerlo. Si supiéramos hacer algo mejor, habríamos hecho algo diferente.

Luego toma la decisión: «Estoy bien. Merezco algo mejor. Puedo quererme a mí mismo». Puedes quererte a ti mismo, y necesitas hacerlo. Recibir o atraer más dinero comienza con este primer paso: tener claro que lo mereces.

Si surge alguna creencia limitante, como «Seguro que malgastaré el dinero» o «No, no me lo merezco», debes eliminarla. Tal vez puedas hacerlo siendo un poco Sócrates y preguntándote: «¿De qué me sirve creer que no me merezco nada, que no valgo nada?».

Creo que merezco la pena; creo que mereces la pena.

He descubierto que cuanto más puedo permitir que una gran riqueza entre en mi vida, más puedo ayudar a todos cuantos me rodean. Si quieres un gran motivo para hacerte rico, para atraer dinero, date cuenta de que las personas ricas pueden marcar la diferencia en el mundo. Ésta es una de las razones más poderosas para atraer dinero.

Si realmente te preocupan los países del Tercer Mundo, la pobreza, la falta de vivienda o cualquier otro problema del mundo, hazte rico. Atrae dinero a tu vida. Cuando tienes causas más grandes y nobles, empiezas a pensar: «Valgo la pena. Me lo merezco. Sí, me amo a mí mismo».

Este primer paso, de nuevo, consiste en mejorar tu autoestima, tu nivel de merecimiento. Puede ser tan simple como decirte a ti mismo: «Me quiero. Me merezco más».

El segundo paso es aprender la ley de la atracción. Aprender que, cuando te enfocas en algo, tiendes a atraerlo. Es una ley básica de la psicología: cualquier cosa en la que te centres tiende a expandirse. Si te has estado enfocando en estar arruinado o endeudado, es probable que hayas acrecentado la deuda y la hayas hecho aún más grande. Cuando comienzas a centrarte en atraer dinero, sentirte rico y agradecido por la riqueza que tienes, activas la ley de la atracción de una manera positiva.

El tercer paso es convertirte en un emprendedor: adquirir una mentalidad emprendedora. No necesariamente tienes que abrir tu propio negocio, pero por ejemplo puedes escribir un libro electrónico o crear productos de audio o de vídeo que se pueden vender *online*.

Mi creencia es que todo el mundo posee algo único. Podría ser experiencia, educación un hobby, unas habilidades determinadas, un pasatiempo que te encanta y que a otras personas también les gustaría saber cómo hacerlo. Puedes convertir cualquiera de estas cosas en un producto de información.

Pensar como un emprendedor te empodera. Te permite comenzar a pensar: «Puedo crear un negocio o convertir un problema en una oportunidad para hacer dinero simplemente poniendo en marcha mi radar interno, considerando las cosas de una manera diferente». Te contaré algunas historias sobre cómo otras personas y yo lo hemos hecho.

Éstos son los tres pasos para acabar con la pobreza. ¡Éstos son los tres pasos que estoy utilizando en «Operation Yes!».

1. Mejora tu autoestima y tu nivel de merecimiento.
2. Aplica la ley de la atracción.
3. Piensa como un emprendedor, ten una mentalidad emprendedora y deja de ceder tu poder al mundo exterior. En lugar de ello, aprovéchalo y utilízalo dentro de ti mismo.

EMULA EL ÉXITO

Las personas muy ricas, como Warren Buffett y Sam Walton, tienen estas características. Son implacables. No tienen miedo. Están enfocadas. Todas están disponibles para ti.

La implacabilidad (capacidad de persistencia) es una característica. Está en tu interior; la invocas desde dentro de tu propio estómago. Puedes sacar este coraje invocándolo.

La segunda característica es la valentía. Los multimillonarios y los magnates no prestan atención a la multitud, sino tan sólo a sí mismos. Poseen una brújula interna. Tú también la tienes. Cuando le haces caso y la sigues, vas en la dirección de manifestar y atraer una gran riqueza.

Warren Buffett ha dicho que siempre hace lo contrario de lo que hace la multitud. Si la multitud teme al mercado de valores, él invierte en la bolsa. Al no tener miedo a sus sueños, a sus objetivos y a querer atraer más dinero, reúne más coraje, energía y persistencia de lo que nunca creyó posible.

Luego está la característica de estar enfocado. Estos magnates se han enfocado en su resultado final, en lo que quieren lograr. Sam Walton, por ejemplo, se centraba en lograr que sus tiendas fueran las mejores para el gran público y logró crear un imperio aún existente hoy en día.

Personas como Warren Buffett, Sam Walton o cualquier otra que puedas nombrar, poseen implacabilidad, persistencia, valentía y una mentalidad enfocada. Todas estas cosas las puedes tener tú.

EL SÍNDROME DE SUPERMAN

Déjame decirte cómo incorporar estas cualidades en tu forma de pensar ahora mismo. Mi amigo Gene Landrum es otro hombre muy rico. Creó la cadena de pizzerías Chuck E. Cheese. También ha escrito numerosos libros. Uno de ellos se titula *The Superman Syndrome*. Básicamente, dice: «Si pretendes tener las características de las personas que admiras, debes invocar esas mismas características desde tu interior».

Gene dice que te imagines que tienes una gran S dibujada en el pecho. Está debajo de tu ropa, así que nadie más puede verla, pero tú sabes que está ahí. Significa que eres Superman o Superwoman, que puedes fingir que ya eres rico, que ya eres Warren Buffett o Sam Walton. Cuando finges que eres esa persona en particular, piensas como ella, actúas como ella. Vas en la dirección de convertirte en ella.

Esto no significa que copies a esas personas o te conviertas en su clon, sino que estás encontrando los aspectos de estos magnates que admiras y estás pulsando un botón en tu cerebro para sacar las mismas características que se hallan en tu interior.

Puedes hacerlo ahora mismo. Cuando piensas en los magnates que te vienen a la mente, ¿qué te gusta de ellos? ¿Qué características tienen para atraer dinero? Puedes anotarlas en un cuaderno o en una hoja de papel. Podrías dejarlas dando vueltas un rato por tu mente. Mientras te enfocas en ello, imagina que ahora posees esa característica, aunque tengas que simular hasta conseguirlo, aunque tengas que fingir, aunque ahora te parezca un ejercicio de actuación.

¿Y si fueras el Superman de atraer dinero? ¿Cómo te sentirías? ¿Qué pensarías? ¿Cómo actuarías? Éstas son preguntas que quizás desees responder mentalmente o en un papel. A medida que juguetees con estas cualidades, las incorporarás y, muy rápidamente, se convertirán en parte de ti.

Estas mentalidades compartidas de personas ricas se encuentran a tu disposición. No son extrañas. Cuando hablamos de ser implacable, intrépido o mantenerse enfocado, no son características que no se encuentren a tu disposición. No son rasgos que ya no estén en ti. Lo que debes hacer ahora es invocarlos. Para ello basta con que finjas que ya eres una persona rica.

UTILIZA TU MENTE EN TU PROVECHO

A lo largo de este libro te he animado a ser consciente de tu mente, de cómo piensas. Te he explicado el juego «¿Y si funciona?». Ahora te toca jugar a ti. Pregúntate: «¿Qué pasa si lo que estoy aprendiendo me va a convertir en un imán para el dinero? ¿Qué pasa si lo que estoy aprendiendo me va a generar ingresos inesperados en mi vida de una manera divertida, sorprendente y maravillosa?».

Así es cómo utilizas tu mente en tu mejor provecho: tener una expectativa de éxito. Si esperas que las cosas salgan mal, mirarás a tu alrededor y encontrarás evidencias para esa expectativa. Tienes una creencia de que las cosas no irán bien. Cuando leas el periódico, veas la televisión o escuches conversaciones, tu mente seleccionará la evidencia que respalda esa creencia y esa expectativa. Te animo a que te detengas, hagas una pausa, eches otro vistazo y tengas una mentalidad que espera el éxito.

Esperas que el dinero entre en tu vida, atraerlo… Cuando obras así, tu mente busca evidencias para respaldar esta nueva realidad. Para mí, la realidad no es más que un universo impulsado por las creencias. Está armada a partir de nuestras construcciones mentales. Cuando crees o esperas que el dinero te llegará de formas imprevistas o esperas atraer dinero inmediatamente, lo buscas. En lugar de centrar la mente en lo negativo, enfócala en lo positivo. Éste es un cambio profundo en la percepción. Sucede con una elección. Accionas el interruptor que existe en tu interior al decidir: «Ahora atraigo dinero. Me pregunto de dónde procederá».

En lugar de preguntarte esto con una actitud de preocupación, hazlo con expectativas. En este momento te preguntas: «¿De dónde procede ese dinero?», lo que significa que no crees que el dinero vaya a aparecer, o bien: «¿De dónde vendrá ese dinero?», lo que significa que lo estás esperando con curiosidad y expectación. Sabes que llegará, pero no sabes cómo.

Es un poco como comprar un coche nuevo. Cuando piensas por primera vez en comprarlo, te encuentras con el mismo modelo en la carretera. Inmediatamente después de comprarlo, parece que se haya producido una invasión del modelo que acabas de comprar. Hace décadas, estaba considerando comprar un Saturn; nunca los había visto circulando por la carretera, pero después de comprarlo los veía por todas partes.

¿Por qué pasa esto? En aquel momento mi mente esperaba verlos, estaba en alerta máxima para buscar Saturns, sólo porque había accionado el interruptor que dice «Ahora estoy interesado en los Saturns».

Puedes hacer lo mismo con el dinero. Ahora esperas dinero, atraes dinero, buscas las oportunidades para que aparezca el dinero, por tanto, las encontrarás. Escucharás oportunidades en las conversaciones. Las encontrarás cuando leas documentos o libros, o bien escuches audios. Te percatarás de ello gracias a esta nueva expectativa. De nuevo, acciona el interruptor y pregúntate: «¿Qué espero cuando se trata de dinero?» y elige esperar atraer dinero de una manera fácil y sin esfuerzo.

LA FIT-A-RITA

Déjame que te explique una historia de cómo funciona esto, sobre todo desde el punto de vista de convertir un problema en una oportunidad para ganar dinero. Durante muchos años, participé en numerosos concursos de culturismo. Bill Phillips tenía uno conocido como Body for Life. Me inscribí nueve veces y lo terminé siete. Una vez conseguí una mención de honor. Durante el entrenamiento, era muy estricto con la comida, la dieta, la bebida y el ejercicio. Estaba muy enfocado en lograr un cuerpo sano y en forma, y en perder mucho peso.

Conseguí tener éxito, pero supuso todo un sacrificio. Un día salí a cenar con unos amigos y todos pedían margaritas. Yo bebía agua fría. No quería una margarita porque en promedio tiene 300-1 000 calorías.

Me sentía frustrado. Golpeé la mesa con el puño y exclamé:

—¡Lo que necesitamos es una margarita para culturistas!

Todos se echaron a reír, pero yo vi una oportunidad en ello. Se me encendió la bombilla en mi cabeza y pensé: «Espera un momento. Podría crear una margarita adecuada al *fitness*, una margarita para el culturismo». Sabía que era posible.

Así es cómo encuentras oportunidades. Alguien plantea un problema, y en este caso fui yo mismo. Al día siguiente contacté con un médico que conozco. Le expliqué mi idea. Se rio un poco, pero pensó que era una buena idea. Me puso en contacto con un nutricionista. Al principio, se burló de mí, pero al final investigó un poco y acabó pensando: «Espera un minuto. Tal vez, en realidad, sí haya un mercado para elaborar una margarita que sea saludable».

Los tres formamos un equipo. Pasamos por un montón de experimentos. Hicimos diferentes lotes. Conseguimos elaborar una margarita de seis calorías completamente natural, cien por cien saludable y sin azúcar. Terminamos llamándola Fit-a-Rita. No tiene hidratos de carbono y sólo tiene seis calorías, sin azúcar y todos los ingredientes son naturales. Está endulzada con estevia. Puedes convertir un simple sobre en una margarita completamente natural con sólo un poco de agua y unas gotas de tequila.

Empecé a comercializar Fit-a-Rita. Firmé un contrato con una empresa que quería venderlo en el mercado latino. Finalmente, recibí una oferta de una compañía que quería once millones de cajas de Fit-a-Rita.

Entonces, me pareció que se trataba de mucho dinero, al fin y al cabo, por aquel entonces yo no dejaba de sentirme frustrado, había dado un puñetazo sobre la mesa y había exclamado: «¿Por qué no se le ocurre a nadie fabricar una margarita saludable?».

En este caso, yo era la respuesta, y fui el que atrajo dinero gracias a eso.

Así es cómo activas tu mente para esperar y atraer dinero. Ves un problema como una oportunidad. Cuando esperas atraer dinero, cuando esperas convertir los problemas en oportunidades, empiezas a verlas. Entonces, se hacen evidentes. Otras personas pueden pasarlas por alto, pero tus ojos, tus oídos y tu mente están activados. Tal vez tú también puedas crear algún día algún una bebida como Fit-a-Rita, o algo incluso mejor.

Hemos avanzado mucho. Quiero animarte a integrar todo lo que has aprendido en este capítulo escribiendo las preguntas, haciendo el proceso de limpieza de creencias y dejando que todo se asiente en tu nuevo tú.

A medida que revisas este material, reconfiguras tu cerebro para atraer y esperar dinero. Ésta es una gran experiencia y sensación. Estoy emocionado por ti, porque no sé cuándo se te encenderá la luz. Puede ser justo después de que termine este capítulo o mientras lees el siguiente, pero el dinero te llegará muy pronto.

CUATRO
ROMPIENDO MITOS SOBRE EL DINERO

Hay muchos mitos sobre el dinero. Éstos son los resultados de un trance cultural en el que muchas personas han caído. Pueden impedir que atraigas dinero a tu vida. Vamos a explicarlos ahora mismo.

EL MUNDO ESTÁ EN PELIGRO

El primer mito, que mucha gente cree, es que el mundo está en peligro financiero y que dependemos de la bolsa, los bancos y otras instituciones financieras. La verdad es que no tienes que reaccionar ni responder al caos que se percibe en el mundo.

Ya he mencionado las etapas del despertar. La primera es el victimismo. La mayoría de nosotros nos quedamos en el victimismo. Muchos reaccionamos ante los acontecimientos mundiales. Si creemos en nuestras reacciones cuando vemos caer la bolsa, nos ponemos nerviosos. En cambio, si piensas como Warren Buffett, crees que hay una oportunidad. Está claro que Warren Buffett no cultiva la mentalidad de ser una víctima, sino una mentalidad empoderada. Ahí es donde debes enfocarte para atraer el dinero. Quieres sentirte empoderado, no como una víctima.

Aunque te animo a que no veas las noticias, si lo haces, presta atención a cómo te sientes. Si dejas que esos mensajes te afecten cuando te enteras de que la bolsa, los bancos u otras instituciones financieras hacen una cosa u otra, fíjate en cómo te sientes. ¿Te sientes bien? ¿Sube tu energía? ¿Entras en modo pánico? ¿Te sientes seguro de ti mismo?

La mayor parte de las veces, las noticias te harán sentir fatal. Cuando te sientes fatal por cómo percibes el mundo, desconoces cuáles son tus opciones, cuáles deberían ser tus próximas acciones… Avanzas a ciegas por la vida.

Si, por el contrario, tienes una mentalidad de empoderamiento, ves las oportunidades, las opciones. Sabes qué es lo que tienes que hacer ahora.

No importa qué es lo que ocurre en el mundo. En realidad, de todos modos no sabemos qué está pasando en el mundo. Lo explican los medios de comunicación, que sólo te ofrecen instantáneas de los peores escenarios; no te están ofreciendo la imagen completa. Para que puedas atraer dinero, debes partir de tu corazón, de un lugar de confianza, empoderado.

SI TÚ PROSPERAS, OTROS PERDERÁN

Otro mito común es que, si tú prosperas, otros perderán. La prosperidad significa que es posible que no estés evolucionado; puede que no seas espiritual. Ése es un mito horrible, porque hace que cierres tu propio bien y bloquees tu riqueza para que no entre en tu vida. Hace tiempo descubrí que, cuanto más dinero atraigo a mi vida, más espiritual y evolucionado soy, y más puedo ayudar a otras perdonas a prosperar.

Cuanto más próspero te vuelves, más puedes ayudar a otros a prosperar. Puedes ayudarte a ti mismo, ayudar a tu familia, tus amigos, tu comunidad, tu país, el planeta. Puedes financiar o establecer buenas causas.

Si realmente quieres marcar la diferencia en el mundo, empieza por marcar la diferencia en la prosperidad de una persona: la tuya. Cuando lo haces, descubres que el dinero es una herramienta espiritual muy evolucionada. En sí mismo, no significa nada, pero puedes utilizarlo con conocimiento, conciencia y espiritualidad para marcar la diferencia en la curación de este planeta. Atraer dinero es una acción buena, santa y espiritual.

EL DINERO ES PELIGROSO

Otro mito afirma que el dinero y el poder son peligrosos; cambian a las personas, volviéndolas arrogantes, egocéntricas, codiciosas y hambrientas de poder. Pero, en realidad, puedes mirar a tu alrededor y encontrar ejemplos de personas que se han vuelto arrogantes, egocéntricas, codiciosas o están hambrientas de poder con o sin dinero. También puedes encontrar personas que han conseguido muchísimo dinero y no son arrogantes, egocéntricas, codiciosas o están hambrientas de poder.

El dinero por sí mismo no es nada. Somos nosotros quienes le otorgamos el significado. ¿Le das al dinero un significado que dice que es una herramienta útil o, por el contrario, uno que sostiene que es un veneno? Tienes una elección. He enfatizado repetidamente que quieres elegir una conciencia superior, una forma más empoderada de pensar y ser. Cuanto más dinero tengas, más podrás marcar una diferencia en el mundo. El dinero no es peligroso, en realidad, es maravilloso.

ES DEMASIADO FÁCIL

Otro mito que existe es que atraer riqueza simplemente visualizándola y sintiéndola es algo demasiado fácil. Es un engaño. Quiero reírme de eso, porque los escépticos que sostienen eso no se dan cuenta del aspecto más profundo de la visualización y de sentir el resultado final de aquello que quieres.

Algunas personas piensan que el dinero acudirá a ellas si simplemente se quedan sentadas, lo visualizan y lo sienten. No saben que también tienen que dar los otros pasos. En este sentido, está la ley de la acción correcta. No basta con quedarte sentado, visualizar y sentir el dinero. En algún momento debes levantarte y hacer algo. Tienes que actuar sobre tus ideas: hacer llamadas telefónicas, enviar cartas o currículos, contestar un anuncio, abrir un negocio, comprar un libro o asistir a un seminario. Tienes que hacer algo.

También he señalado que, cuanto más elimines los bloqueos y las limitaciones inconscientes que hay en tu interior, más fácil te resultará atraer dinero, incluso aunque tan sólo te quedes sentado visualizándolo. Creo que visualizar es poderoso, pero quiero que lo hagas cómo lo he descrito: «nevilliza» tu visualización, imagina el resultado final de atraer el dinero que has estado buscando. Cuando haces eso, aceleras el proceso de manifestarlo. También debes actuar. La ley de la acción correcta está justo detrás de la ley de la atracción. Trabajan juntas.

Las personas que dicen que visualizar y sentir riqueza es un engaño no entienden cómo funciona todo esto. Ahora tú lo sabes. Sabes que la visualización, el sentir y la «nevillización» funcionan, pero debes participar en el proceso pasando a la acción.

LAS MUJERES SON DEMASIADO IMPULSIVAS EN LOS NEGOCIOS

Otro mito frecuente es que las mujeres a las que les va bien en los negocios son demasiado impulsivas o complicadas, y no se preocupan lo suficiente por sus familias. No comparto esta afirmación en absoluto. Creo que las mujeres que están motivadas por su corazón gozarán de más tiempo y dinero, y encontrarán un mayor equilibrio entre la vida familiar y los negocios.

Esto nos devuelve a la ley de la expectativa. Si esperas encontrar mujeres con dinero que no sean felices, que sean impulsivas o complicadas y que no se preocupen por sus familias, encontrarás ejemplos de ello a tu alrededor. En cambio, si crees que hay mujeres que se sienten motivadas por sus corazones y que tienen suficiente tiempo y dinero, mirarás a tu alrededor y encontrarás las Mary Kay[1] del mundo. Hallarás ejemplos que respalden tu creencia y tu expectativa.

Sí, hay ejemplos de ambos casos, pero quieres enfocarte en un modelo a seguir. ¿Como quién quieres ser? ¿A quién quieres imitar? ¿Qué características quieres tener? Cuando te enfocas en esas cualidades, las sacas de tu interior.

---

1. A pesar de alcanzar un considerable éxito como vendedora, Mary Kay Ash (1918-2001) acabó fundando en 1963 su propia empresa (Mary Kay Cosmetics, Inc.), frustrada por sentir en sus propias carnes la desigualdad laboral entre hombres y mujeres. Dedicó su vida a empoderar a las mujeres y a darles las herramientas para controlar su propio futuro. *(N. del T)*

Creo que puedes ser una inspiración para el resto del mundo. No importa si puedes encontrar ejemplos de hombres o mujeres demasiado centrados en el dinero o demasiado impulsivos, lo que sí importa es que encuentres en ti mismo el ejemplo de alguien que es íntegro, equilibrado, rico y feliz. Así es como manejas este mito.

NO PUEDES TENERLO TODO

Otro mito es que no puedes tenerlo todo; estás condenado al fracaso si crees que puedes tener una gran carrera, mucho dinero, mucho tiempo libre y una vida personal maravillosa. Si te aferras a esa creencia, crearás ese mismo destino para ti. En otras palabras, las personas que se sienten víctimas se han rendido. Afirmaciones como: «No puedes tenerlo todo» o «Estás condenado al fracaso si crees que puedes tener una gran carrera, mucho dinero y una gran vida familiar» provienen directamente de una mentalidad de víctima. Se trata de alguien que lo ha intentado, pero no lo ha intentado con éxito. Lo ha intentado y ha fracasado, y no lo ha vuelto a intentar.

El gran secreto de la vida no es que lo hayas intentado, sino que lo sigues intentando siempre. Muchas veces las cosas en las que he trabajado (ideas de negocios o libros) no salieron como yo quería. Pero no me detuve, no me di por vencido, sino que pasé a otra cosa.

Hace años, cuando era un sintecho en las calles de Dallas, si hubiera creído que estaba condenado al fracaso, a no tener dinero nunca, a no tener una vida maravillosa, no me encontraría aquí ahora. De nuevo se trata de una elección. Te digo que dejes de ser una víctima. Pasa a la siguiente etapa del despertar y empodérate. Confía en ti mismo, en el mañana, en la esperanza, en las acciones que estás llevando a cabo… Confía en lo que te estoy enseñando en este libro.

HEMOS CREADO UN MUNDO DE EXCESOS

Otro mito es que hemos creado un mundo de excesos y de indignación. Hoy en día experimentamos esa energía en relación con el clima, las luchas financieras, los desafíos ecológicos, etc. Hemos creado un mundo oscuro que caerá y sufriremos las consecuencias.

Una vez más, esta idea procede de una mentalidad victimista. La verdad es que, como seres humanos, estamos evolucionando más rápido que nunca. Cuando partes de una mentalidad empoderada, te das cuenta de que te estás volviendo cada vez más consciente. A medida que te vuelves más consciente, puedes confiar en que estamos avanzando y progresando en una dirección positiva. Estamos creando un mundo de más abundancia. Tal vez, aún no podamos describirlo con precisión, porque todavía se está desarrollando, pero tú y yo nos estamos volviendo financieramente seguros y libres, y todos prosperaremos mientras interpretemos nuestra partitura. Siempre que mires hacia dentro, encuentres tu pieza del rompecabezas y actúes en consecuencia, ayudarás a crear un nuevo mundo basado en la felicidad, la espiritualidad, la prosperidad, la abundancia y, sobre todo, el amor. Todo esto es consecuencia de dejar ir el miedo.

MIEDO FRENTE A CONFIANZA

Si piensas en los diferentes mitos de los que te he hablado, todos tienen en común la palabra *miedo*. Si piensas en todas las respuestas que he dado a estos mitos, puedes encontrar la respuesta: *confianza*.

Aquí está tu elección: ¿partirás del miedo o de la fe? ¿Partirás de la intimidación de los medios de comunicación, la negatividad, el chismorreo y la mentalidad de víctima? Tienes una elección. Yo, por mi parte, quiero partir de la fe, la confianza, el amor. Puedo elegir echarme atrás y convertirme en una víctima, pero una vez que hayas probado el empoderamiento, nunca retrocederás, porque te das cuenta de que sería una insensatez. Estamos en este viaje del despertar, tú y yo juntos, y podemos hacer de este planeta el lugar abundante que queremos que sea mientras escuchemos nuestra música y cantemos nuestra canción. Te animo a que lo hagas. Ahora.

BIOGRAFÍA DEL DINERO

Llegados a este punto, quiero ofrecerte un proceso de despertar. Te pediré que escribas dos escenarios diferentes. El primero es tu biografía del dinero. En otras palabras, me gustaría que escribieras qué sabes del dinero. En mi caso particular, mientras crecía en Ohio, recuerdo haber aprendido que no había suficiente dinero. Mis padres tuvieron muchas discusiones al respecto. En numerosas ocasiones escuché la frase: «El dinero no crece en los árboles». Escuché que estábamos tan desesperados por el dinero, si no completamente arruinados, que mi padre nos decía que sólo utilizáramos tal cantidad de papel higiénico, de pasta de dientes, de comida… Revisaba los tickets de la compra cuando mi madre llegaba a casa y discutía con ella si pensaba que había gastado demasiado.

Pero hemos de profundizar en esto. Cuando escribas tu biografía del dinero, quiero que explores del todo cómo te sientes al respecto en función de lo que aprendiste cuando eras un niño. Tal vez escuchaste la misma expresión que yo: que el dinero no crece en los árboles. Quizás llegaste a la conclusión, como yo, de que nunca hay suficiente dinero: tenías que trabajar duro para ganarlo e, incluso, entonces te dabas cuenta de que no bastaba para sobrevivir, y mucho menos para hacer lo que querías.

Ésta es tu biografía del dinero. Me gustaría que dedicaras unos minutos a escribirla para que tomes conciencia de las creencias que han circulado por tu cerebro. En su mayor parte, han desarrollado la programación que te ha hecho atraer o alejar el dinero. Hasta ahora, probablemente, lo hayas estado alejando y ni siquiera sabías que lo estabas haciendo. En el presente, cuando cambies de opinión y reconfigures tu propio cerebro, comenzarás a atraer dinero.

Quiero agilizar el proceso, quitar todos los bloqueos y obstáculos para que puedas ganar dinero de manera fácil y sin esfuerzo, sin inconvenientes de ningún tipo. La primera manera de hacerlo consiste en tomar conciencia de tu mentalidad monetaria. Cuando tengas una oportunidad, escribe tu biografía del dinero.

La segunda parte de este proceso consiste en escribir una nueva biografía del dinero. Quiero que reescribas completamente tu guion, tu biografía de cómo fue tu primera toma de contacto con el dinero. ¿Cómo hubieras preferido que hubiese sido?

En mi nueva biografía, escribiría que mi padre podía ganar dinero de manera fácil y sin esfuerzo a partir de sus ideas, su trabajo y las cosas que le gustaba hacer. Aprendí que el dinero estaba a la disposición de todos nosotros, toda mi familia, mis amigos, mis vecinos, la comunidad, la ciudad entera. Todo lo que teníamos que hacer era pedirlo y llevar a cabo unas pocas acciones para traerlo a nuestras vidas…, y ahí estaba. Aprendí que el dinero crecía en los árboles. Tal vez metafóricamente, pero ahí estaba. No era difícil de conseguir. Aprendí que el dinero siempre estaba allí a mi disposición. Cada vez que quería algo (un libro, un juguete o unas vacaciones…), el dinero estaba allí y en cantidad más que suficiente. He tenido una gran relación con el dinero desde que nací, y todavía tengo una magnífica relación con él. De hecho, somos los mejores amigos. El dinero me quiere y yo lo quiero.

Mientras hablaba sobre cómo entré en contacto con el dinero, me sentí un poco deprimido. Reviví toda la infelicidad y la incomodidad que experimenté. Cuando pasé por el segundo escenario y describí cómo desearía que hubiera sido, mi energía y mi felicidad aumentaron. Una pequeña sonrisa se dibujó en mi rostro. Mi corazón comenzó a latir un poco más rápido. De hecho, comencé a sentirme aún mejor con respecto al dinero. Éste es el poder de este proceso.

He aquí el gran secreto: lo que sucedió en tu pasado es muy vago. Hay estudios que demuestran que no recordamos el pasado con precisión. De hecho, apenas lo recordamos: según un estudio que leí en una ocasión, nos equivocamos casi el 98 % de las veces. La mente proyecta nuestras creencias sobre nuestro pasado y creemos que es real. Pero el pasado se ha ido.

Si el pasado es en gran parte ficticio, se puede reescribir. Al escribir cómo pensabas que te educaron con respecto al dinero, te das cuenta de estas limitaciones y las liberas. Al escribir cómo te quieres sentir con respecto al dinero, instalas una nueva programación, nuevas secuencias. Haz esto tan pronto como tengas una oportunidad.

FORMAS ESPIRITUALES DIFERENTES DE ATRAER DINERO

Llegados a este punto, tengo un verdadero caramelo para ti: formas espirituales de atraer dinero. Éstas son algunas de mis formas favoritas de obtener dinero de manera fácil y sin esfuerzo. Son sencillas y muy aplicables. Tal vez hayas oído hablar de una o dos, pero probablemente no de las siete. Todas me han funcionado. Han pasado la prueba del tiempo. Me han ayudado a pasar de la nada a tener varios millones de dólares. Éstas son mis siete ideas espirituales para atraer dinero.

1. Lleva un billete de 100 dólares en el bolsillo

Lleva un billete de 100 dólares en tu bolsillo. La primera vez que oí esto, no tenía un billete de 100 dólares…, y creo que por aquel entonces aún no había visto ninguno. Podría haber tenido billetes de 1 dólar, 5,20 dólares, tal vez había visto un billete de 50… Pero oí decir que, si llevas un billete de 100 dólares en el bolsillo, comenzarás a sentirte más adinerado.

Para ello, me vi obligado a ahorrar. Cuando finalmente tuve 100 dólares, fui al banco y dije:

—Quiero cambiar esto por un billete de 100 dólares.

Cogí el billete, me lo metí en el bolsillo y comencé a pensar más en el dinero. Empecé a pensar que era un poco más adinerado que cuando sólo llevaba unos pocos dólares. Me pasaba el día imaginando en qué me gastaría los 100 dólares.

No gasté el dinero; fingí que me lo estaba gastando. Muy de vez en cuando cambiaba el billete por billetes más pequeños, pero, tan pronto como podía, pedía cambio para tener otro billete de 100 dólares en el bolsillo. Hice esto durante años hasta que llegó un momento en el que añadí otro billete de 100 dólares al primero. Con el tiempo, me di cuenta de que no estaba utilizando dinero de mi cartera, sino que simplemente me limitaba a dejar billetes de 100 dólares en ella. Me metía la mano en el bolsillo delantero y sacaba un clip para billetes cada vez que necesitaba comprar algo.

El primer consejo, y muy fácil de cumplir, es llevar un billete de 100 dólares. De nuevo, no lo conseguí de la noche a la mañana. En tu caso, tal vez necesites algunas semanas o tal vez puedas tenerlo hoy mismo. Si puedes, por favor, hazlo. Para mí, es una manera sencilla de mantener una mentalidad de prosperidad.

2. Regala un dólar al día

Esta idea me la dio un amigo llamado Todd Silva. Todd es una persona maravillosa. Fue mi profesor de guitarra en Houston. Se le ocurrió la idea de regalar un dólar al día. Simplemente cogía un billete de un dólar todos los días y lo dejaba en algún lugar donde alguien pudiera encontrarlo. No se lo des a nadie en particular (un camarero, una camarera o a un mendigo que te encuentres en la esquina), a menos que realmente te sientas forzado a ello.

La teoría de Todd es que, cuando plantas este dinero para sorprender a alguien más tarde, en realidad estás involucrando tu propio sentido de prosperidad. Cuando comiences a imaginar: «Me pregunto quién lo encontrará, qué pensará, qué hará con él…», plantarás una forma de felicidad dentro de ti que atrae más dinero. Te olvidas del tópico de que la fama que rodea al dinero es algo difícil de conseguir. Al regalarlo, te sugieres a ti mismo que es fácil dejar que el dinero se vaya y que venga.

El movimiento de Todd para regalar un dólar todos los días gana velocidad. Tiene un sitio web para ello. Envía una circular todos los lunes o martes. Alienta a las personas a sacar un dólar de su cartera, a meterlo dentro de un libro, a dejarlo debajo de una bandeja o de un plato. a dejarlo en algún otro lugar para que otra persona lo encuentre.

3. Reza

Nunca he hablado del tercer paso, pero tengo que decir de todo corazón que ha supuesto un punto de inflexión en mi vida. Me refiero a rezar, a pedir ayuda a un poder superior. Sí, puedes llamarlo Dios, lo que sea que ese poder superior sea para ti.

Cuando estaba en Houston y tenía muchas deudas, me tumbaba en la cama y me quedaba mirando el escritorio, en el que se apilaban las facturas. Las miraba y me decía: «No tengo ni idea de cómo pagarlas, de dónde saldrá el dinero». Entonces, me ponía a rezar. Me quedaba en silencio y decía en voz alta: «Dios, necesito tu ayuda. No sé cómo pagaré este montón de facturas, de dónde sacaré el dinero. No sé qué hacer, así que te las entrego a ti».

Esta oración la rezaba en secreto. No se lo conté a nadie, pero supuso un punto de inflexión, porque, de alguna manera, el dinero siempre llegaba. Siempre podía pagar esas facturas, por lo general antes de su vencimiento, y, del mismo modo que pagaba la casa, podía pagar los coches que tanto me preocupaban. Pude pagar todas las facturas, de comida, de ropa, de lo que fuera. Ahora me hallo en un nuevo nivel de prosperidad e ingresos, asombroso y casi inimaginable para el Joe de esos días en Houston que se quedaba tumbado en la cama rezando para pedir ayuda.

Cuando rezas, pides ayuda a un poder superior, algo más sabio que tú. Incluso aunque seas ateo, puedes considerar que cuando rezas, estás hablando en voz alta a una parte más amplia de tu propia mente inconsciente. Tu mente consciente no puede ver todas tus oportunidades y posibilidades, pero en cambio tu mente inconsciente, sí. Cuando rezas, llamas en voz alta a algo más sabio y grande que tú para que venga y te salve el día. Podría ser tu mente inconsciente. Para mí, es lo divino, y éste es un enfoque muy espiritual para atraer dinero.

4. Escribe cómo atraer dinero

La cuarta idea espiritual para atraer dinero es escribir cómo te gustaría atraer dinero. Escribe un guion «nevillizado» en el que describas cómo has atraído dinero de una manera inesperada y cómo te sientes. Te sumerges en la emoción que supone. Probablemente resulte apasionante.

Puedes hacerlo ahora mismo, ya sea por escrito o mentalmente. Pregúntate cómo te sentirías si cayeran en tu regazo 100 000 dólares. ¿Cómo te sentirías si de repente tuvieras 50 000 dólares en efectivo en el asiento de al lado? No importa de dónde procedan. ¿Cómo te sentirías? Sumérgete en la emoción que ello supone. ¿Sonreirías? ¿Te sentirías feliz? ¿Tu corazón latiría un poco más rápido? ¿Tendrías una sensación de éxtasis? Tal vez sientas curiosidad. Tal vez estés maravillado. Escribir guiones con emoción ayuda a atraer más dinero.

Puedes hacer esto mentalmente, puedes decirlo en voz alta, pero es mucho más efectivo si lo escribes. Cuando escribes algo, te estás comunicando con tu mente inconsciente. Pones tus pensamientos en el papel. A medida que los lees, regresan a tu mente inconsciente a través de tus ojos. Escribirlos es mucho más poderoso que visualizar o pensar. Cuando tengas la oportunidad, escribe una experiencia de atraer dinero de una manera alegre y maravillosa.

5. Crea un tablero visual

La quinta idea espiritual para atraer dinero es crear un tablero visual. A veces se le llama «mapa del tesoro». Estás creando la vida que te gustaría tener. Imagínate cogiendo una cartulina de gran tamaño. Es totalmente blanca. Recorta imágenes y símbolos que representen la abundancia y la riqueza para ti, y pégalos en tu tablero visual. Podría ser un coche nuevo con el que has estado soñando, una casa nueva, un conjunto nuevo de ropa o unos zapatos, números en una cuenta bancaria. Podrías poner fotografías de dinero: billetes de 100, 50 y 20 dólares. Pon en este tablero visual todo lo que te gustaría atraer a tu vida.

Tu mente trabaja con emociones y símbolos. Si creas un tablero visual que tiene símbolos con un significado emocional para ti, te comunicarás directamente con tu mente inconsciente y te magnetizará para atraer las cosas representadas en tu tablero visual.

6. Celebra lo logrado

La sexta idea espiritual para atraer dinero es celebrar lo que ya has conseguido. Muchos de nosotros —yo mismo he sido así— nos hemos convertido en adictos al trabajo; sencillamente nos matamos trabajando. No paramos de currar. Sin embargo, tenemos que tomarnos un respiro para agradecer todo lo que hemos conseguido.

Me creé un día de placer: una vez a la semana (admito que a veces es una vez al mes), me tomaré el día libre, me subiré a uno de mis coches y conduciré hasta otra ciudad. Haré algo que me resulte divertido. La mayor parte de las veces implica visitar una librería. Reconozco que soy un adicto a los libros: me encantan. Los escribo, los leo, los regalo, hago reseñas de ellos. Ir a las librerías me resulta muy relajante. Es una forma de recompensarme. También me estiro en mi bañera de hidromasaje casi todas las noches, algo muy relajante para mí. Es una recompensa, un reconocimiento.

En tu caso, celebrar cuanto haces podría significar tomarte un tiempo libre, ver una película, ir a un museo, disfrutar de una buena cena, comprarte una prenda de vestir, hacer algunas compras, dar un paseo por la naturaleza, perderte por las calles de tu ciudad o montar en bicicleta.

Tienes que celebrar lo que has estado haciendo. El hecho de que hayas invertido en este libro y lo hayas leído significa que debes hacer una pausa y celebrarlo. Siempre deberías reconocer lo que has hecho.

Ésta es una manera de aumentar tu merecimiento, de decirte a ti mismo que lo estás haciendo bien y que estás orgulloso de ti. Mejora tu autoimagen y tu autoestima. Celebra lo que has hecho, aunque sea algo pequeño. Sal y haz algo para ti. Incluso podría ser algo muy sencillo, como dar una vuelta a la manzana y respirar aire fresco, bañarte o disfrutar de una buena cena. Sencillamente, haz algo que te haga sentir bien.

7. Compras prósperas

La séptima idea espiritual para atraer dinero es una de mis favoritas. La llamo «compras prósperas». Las compras prósperas significan que, de vez en cuando, cuando notas ese impulso que te lleva a comprar algo, incluso aunque pueda ser un poco caro, te lanzas y lo compras. Lo compras porque es un voto por la abundancia, la prosperidad. Te dices a ti mismo que te lo mereces y que puedes permitírtelo.

Una vez compré un encendedor de oro de 700 dólares. Fumo puros de vez en cuando. Había dado un *workshop* una noche y había vendido todo el material que llevaba en una exposición que tenía en este evento y quería recompensarme.

Con esa idea, fui a un estanco. Entré y di vueltas. Allí tenían muchos encendedores y me dirigí al dueño.

—Si alguien entrara aquí y dijera que quiere el mejor encendedor de la tienda, ¿cuál le mostraría? –le pregunté.

Me mostró un encendedor Dupont chapado en oro de 700 dólares y lo compré. Lo compré para anclar los buenos sentimientos. Ahora, esto es importante: no estaba comprando un encendedor de 700 dólares simplemente para comprar un encendedor de 700 dólares, sino para anclar la prosperidad que ya había recibido y para recompensarme por ello.

Cuando veas algo que quieras comprar y puedas pagarlo, adelante, hazlo como un reconocimiento hacia ti y hacia tu propia prosperidad.

Ten en cuenta que he dicho *si puedes permitirte el lujo de comprarlo*. No te estoy animando a que te endeudes, a que pierdas la cabeza, a pedir dinero prestado. Pero si tienes el dinero y ves algo que quieres, adelante, cómpralo. Será una compra próspera.

Una vez, en San Diego, creé y realicé un evento llamado «The Miracles Weekend» («El fin de semana de los milagros»). Durante mi estancia, fui a ver algunos coches. Vi un Rolls-Royce Phantom, uno de los coches más lujosos y caros del mundo, que costaba unos 400 000 dólares. Conduje ese coche durante tres días. Volvía al concesionario porque no podía quitármelo de la cabeza. Me di cuenta de que al sentarme en ese lujoso Rolls-Royce Phantom hecho a mano, mi coeficiente intelectual de abundancia, mi sentimiento de prosperidad y mi sentido de merecimiento aumentaban. Así que decidí que debía comprar ese coche. Lo hice. Compré un automóvil de 400 000 dólares por 325 000 dólares y me lo llevé a casa.

Antes de que me juzgues por gastar tanto dinero en la compra de un coche, déjame contarte lo que pasó. Lo mismo te ocurrirá cuando comiences a hacer compras prósperas.

No había pasado más de un día después que compré ese coche cuando tuve la idea de poseer un Rolls-Royce Phantom Master Mind. Como ya he explicado antes, un Master Mind es cuando dos o más personas se juntan para ayudarse mutuamente en la búsqueda de sus sueños. Me preguntaba si alguien pagaría por sentarse en el Phantom y tener un Master Mind conmigo. Decidí cobrar 5 000 dólares por persona.

Vería si dos personas se sentaban en la parte trasera del Rolls. Yo ocuparía el asiento del conductor y conmigo tendría un coautor, un socio comercial, que me acompañaría, de modo que seríamos cuatro. Envié el anuncio a mi lista de correo electrónico. Para mi sorpresa, el primer Rolls-Royce Phantom Master Mind se agotó al instante. Tuve que anunciar un segundo, que también se agotó al instante. Anuncié un tercero que se agotó, y anuncié un cuarto.

¿Qué había pasado? La idea de atraer dinero surgió como resultado directo de la compra del coche. Antes no tenía la idea de comprarlo, se me ocurrió después. Ésta es una compra próspera.

Durante tu día a día, cuando vayas de compras o hojees catálogos y revistas, estate atento por si ves algo que parezca tener esta carga de prosperidad: te sientes casi obligado a tenerlo. Pero asegúrate antes de que no cometes una locura: revisa tu cuenta de ahorros para comprobar que tienes el dinero suficiente. Si puedes, te animo a que lo compres, porque te hará sentir más próspero. Cuanto más próspero te sientas, más dinero atraerás.

LA ARDILLA ENFADADA

Para terminar este capítulo, déjame que te explique un par de cosas. Si has perdido un trabajo, estás preocupado por tu próximo sueldo o por pagar las facturas, el alquiler del piso, la comida o la asistencia médica, lo siento por ti. Quiero recordarte que esto pasará. Lo que estás experimentando es tu realidad actual, pero ésta cambiará, y siempre estará en constante cambio. Tu situación actual no es inamovible. En este momento está cambiando, porque estás invirtiendo en ti mismo al leer este libro. Estás aprendiendo a atraer dinero. El dinero va de camino hacia ti.

También quiero recordarte que, cuando el mundo parece verdaderamente caótico y que se está desmoronando, en realidad es bueno. Significa que se está formando algo nuevo, que se está reestructurando algo nuevo.

Formas parte de ese proceso y eres una de las piezas del rompecabezas. Cuando todo se junte y se estabilice, y las nubes se despejen y el polvo se asiente, te darás cuenta: «Todo tiene sentido ahora. Ahora sé cuál será mi próximo empleo o mi próximo negocio. Ahora veo de dónde procederá el dinero».

Déjame que te explique una historia corta sobre una ardilla. Esta ardilla intentó mudarse a mi ático. Por supuesto que yo no la quería allí. No quería que se mudara con su familia y sus amigos, así que la saqué del ático. Tapé el agujero para que no pudiera volver a entrar. Mientras lo tapaba, su mundo era caótico. Era infeliz. Tuvo un berrinche. Arrojó bellotas contra la casa. Se colgó de la pantalla y me maldecía, pero no sabía que en realidad le había construido una hermosa casita para ardillas justo al lado de mi casa entre los árboles. Además, la casa era lo suficientemente amplia como para acoger a su familia, a sus amigos e incluso un sistema estéreo si así lo hubiera deseado.

La ardilla no lo vio así de inmediato, sólo sentía pánico. Todo lo que veía era el caos, que su vida se desmoronaba a su alrededor y que su seguridad se había esfumado. Cuando finalmente encontró la casa que yo había colgado en los árboles para ella, alegremente se dirigió hacia allí. Ya se ha mudado allí. Ahora tiene una vida maravillosa con su familia en su nuevo hogar.

Probablemente seas muy parecido a la ardilla. En el presente todo parece una locura. No sabes de dónde vendrá tu próximo sueldo, tu próximo trabajo, pero lo maravilloso es que esta experiencia te obliga a hacer algo diferente. La mayoría de las personas pasan por sus vidas siguiendo sus patrones, haciendo lo mismo una y otra vez hasta que algo las detiene. En este momento, el mundo en general puede haberte detenido, pero es sólo para que hagas una pausa, reflexiones, te reorganices y lleves a cabo algo diferente. Éste es tu momento, tu oportunidad. El sol siempre sale. Ahora mismo está saliendo para ti. Haz los ejercicios que te he propuesto. Espera que el dinero entre en tu vida. Espera el éxito y lo encontrarás.

CINCO
ATAJOS PARA ATRAER DINERO

En este capítulo, vamos a hablar sobre atajos para atraer dinero. Para empezar, el atajo más grande, más extenso, más profundo que te puedo decir es éste: sé feliz ahora.

Todo el mundo quiere atraer más riqueza, más salud, más éxito. Todos tenemos una larga lista de cosas que queremos atraer, pero ¿qué es lo que realmente deseamos? Cuando dices que quieres más dinero, ¿no estás diciendo que lo quieres por un motivo en concreto? ¿No estás pensando «Si tengo más dinero, podré comprar más ropa, más comida, podré pagar mis cuentas, tener una casa más grande»?

¿Qué buscas realmente cuando dices alguna de esas cosas? Cuando dices: «Quiero atraer más dinero para tener más éxito», en realidad ¿no estás diciendo que cuando tienes éxito, tienes la sensación de haber llegado?

Te invito a que profundices en tu deseo. Cuando dices: «Quiero atraer dinero», lo quieres por un sentimiento particular. Quieres poder decir: «He llegado. Estoy feliz. Finalmente estoy aquí».

En cierto modo, es una gran ilusión. Estás creando monos y los estás persiguiendo por la calle. Cada vez que atrapas un mono, otro comienza a correr y lo persigues. Estos monos son tus deseos. Están provocando que enloquezcas y constantemente te sientas infeliz contigo mismo.

El gran secreto para atraer más dinero ahora es sentirte feliz ahora. Cuando te acomodas en el ahora ya no te preocupa el pasado ni el futuro. Estás aquí, ahora, en este momento. Tienes abundancia, riqueza. Tienes lo que secretamente has estado deseando todo este tiempo.

Te has estado diciendo a ti mismo: «Cuando tenga más dinero, seré feliz. Cuando tenga la casa, seré feliz. Cuando tenga el trabajo, seré feliz. Cuando tenga el coche, seré feliz. Cuando haya llenado el vacío, seré feliz».

La vida no funciona así. La ley de la atracción no funciona así. Éste es probablemente el principio más innovador que podría compartir contigo: cuando respiras profundamente y te das cuenta de que todo está bien y que en este momento estás bien, en realidad, creas una nueva señal vibratoria. Sale de ti en este instante para atraer las mismas cosas que has deseado todo el tiempo.

La fórmula que has utilizado es ser infeliz ahora e ir tras algo que crees que te hará feliz. Por lo general, en el proceso de perseguirlo te sientes muy infeliz. Si lo consigues un día, eres feliz por un instante y luego vuelves a pasar por el proceso.

Ser infeliz, perseguir algo más, tal vez ser feliz por un momento cuando lo consigues, luego ser infeliz y pasar por el proceso otra vez más…, este proceso no funciona. Ésta es una noticia maravillosa, porque puedes cambiar el proceso con tan sólo cambiar de parecer. Cambias de parecer mirando a tu alrededor y diciendo: «Este momento es verdaderamente genial. Puedo ser feliz ahora».

Cuando eres feliz ahora, finalmente, has conseguido lo que pensabas que traería el dinero: la felicidad. Cuando eres feliz ahora, puedes ver con claridad tus próximos pasos para manifestar dinero en tu vida. Cuando vienes de este lugar de seguridad –de no necesitar seguridad–, realmente, comienzas a atraer el dinero que te proporcionará la seguridad que has anhelado. Todo comienza y termina con ser feliz ahora.

¿Cómo se llega hasta ahí? ¿Cómo llegas a este punto en el que vives el ahora cuando vence el alquiler, no tienes trabajo o tu barriga hace ruidos a causa del hambre y necesitas comer? ¿Cómo encuentras ese lugar de felicidad en esa situación?

Puedes hacer un par de cosas. Una es ser consciente de que el pasado se fue y el futuro nunca llegará. Cuando piensas en el pasado, lo haces *ahora*. Tu pensamiento es muy impreciso. Estás evocando imágenes y recuerdos ahora y lo estás llamando pasado.

Cuando piensas en el futuro, te proyectas hacia delante, pero lo estás haciendo ahora. Cuando empiezas a pensar en el pasado o en el futuro, te engañas a ti mismo, porque en realidad sólo existe el ahora. Sólo puedes estar en el ahora; puedes distraerte mentalmente con pensamientos, pero el punto de poder es que estés en el ahora. Puedes volver a este momento con conocimiento, con conciencia. Eso es lo primero: recordarte a ti mismo cómo piensas para que puedas llegar a este momento.

Siente gratitud

Lo segundo que puedes hacer es sentir gratitud. Ya he hablado sobre el poder de la gratitud. Es probablemente la fuerza más poderosa que puedes utilizar. No te cuesta nada y puedes comenzar a utilizarla en este mismo instante mirando a tu alrededor y diciendo: «Estoy agradecido por…» y mencionar algo por lo que estés sinceramente agradecido. Podría ser este libro, el coche que conduces, la butaca en la que estás sentado. Podrías estar agradecido por alguien o incluso por una mascota. Hay algo en tu vida por lo que estás genuinamente agradecido. Cuando entras en este momento y comienzas a sentir gratitud ahora, cambias tu señal interior. Empiezas a enviar una onda que procede de este momento para atraer más cosas y experiencias por las que estar agradecido, incluido más dinero.

Perdona

Lo tercero que puedes hacer para llegar a este momento es perdonar. Ya he hablado sobre el perdón, pero es tan importante y profundo que vale la pena mencionarlo al menos una vez más. Cuando perdonas, liberas energía bloqueada. Esta energía no está bloqueada en el pasado ni en el futuro, sino en ti mismo en este momento.

Hay innumerables historias de prisioneros de guerra que llegan a un punto en sus mentes en el que pueden perdonar a sus torturadores. Eso es algo muy profundo. Probablemente no tengas que perdonar a un nivel tan profundo, pero sí debes perdonarte a ti mismo, a tu familia, a tus amigos, a tus empleadores, a cualquier persona a la que le guardes rencor, y, lo más importante, a ti mismo.

Cuando te perdonas a ti mismo, abres un flujo de amor que te devuelve a tu punto de poder, que, repito, es ahora. Una vez más, lo que verdaderamente deseas cuando dices, «Quiero atraer dinero», es felicidad. Simplemente piensas: «Cuando tenga dinero, seré feliz». Pero puedes ser feliz ahora. Es una decisión. Cuando seas feliz ahora, verás con más claridad tus opciones para atraer más dinero a través de la ley de la acción correcta. Todo comienza, y todo termina, con ahora. Estate aquí ahora.

Respira

Es posible que te encuentres en una posición en la que sufras por el dinero y te resulte muy difícil incluso leer la afirmación: «Sé feliz ahora». Lo que piensas es: «Estoy desesperado. Debo tener dinero. Lo necesito para el viernes, para la próxima semana». Entiendo perfectamente ese sentimiento; yo también me he encontrado en ese punto; lo recuerdo bien. Tienes que tranquilizarte, eliminar el sentimiento de desesperación. Mientras te sientas desesperado, enviarás una energía negativa que te recordará las experiencias de desesperación. Debes romper con ese patrón.

Respira profundamente, enfocándote en lo que agradeces en este mismo momento, sonriendo, pensando en recuerdos felices, perdonando a todos los involucrados en cualquier cosa por la que hayas estado resentido y llevándote a ti mismo a ahora, a este instante.

También hay algunas otras técnicas que he utilizado en mi vida en momentos de mucho estrés, cuando realmente me preguntaba de dónde venía el dinero y cómo pagaría las facturas.

La primera consiste en respirar. Practica una respiración lenta y profunda, contenla y luego suéltala mientras cuentas hasta ocho. Lentamente: uno, dos, tres, cuatro, cinco, seis, siete, ocho. Cuando haces una respiración lenta y la contienes y la sueltas mientras cuentas hasta ocho, te tranquilizas.

Esto es importante. Tu estrés, tu frustración, tu desesperación, tu preocupación no te ayudarán a atraer dinero. Tienes que quitarte el estrés respirando despacio, fácilmente y sin esfuerzo. Sólo así te tranquilizas. Te traes a ti mismo al ahora. La respiración es gratis. Puedes hacerlo en cualquier momento, incluso ahora mismo.

Estás realmente bien

Otra cosa que hago para ayudar a quitarme el estrés es recordarme que estoy en este momento. La mayor parte del tiempo, el estrés se produce al pensar en el futuro. Estás preocupado por la próxima semana, el próximo mes o año, por el próximo sueldo…, pero ahora, en este momento, todo va bien. Sí, es posible que desees más dinero, puedes tener deseos, pero en realidad en este momento estás bien. Estás leyendo este libro. Puedes respirar. Quizás has desayunado bien. Estás vivo. Lo estás haciendo bien. Recuérdate esto.

A veces, cuando estoy conduciendo y me siento un poco nervioso, me estiro y acaricio el salpicadero. Me recuerdo a mí mismo: «Estás aquí ahora». Tocar algo físico en ese momento me ayuda a regresar al momento presente.

Si estoy en casa, puedo tocar las llaves del coche o la silla en la que estoy sentado. Si estoy sentado en una mesa, puedo frotar la madera. Me digo a mí mismo: «Estoy aquí ahora. Todo va bien. Relájate». Lo vinculo a la respiración. Hago una respiración profunda, la contengo y cuento hasta ocho mientras suelto el aire lentamente. Me relajo.

La cura del *tapping*

Otra técnica que puedes utilizar es la llamada técnica de liberación emocional o EFT, por el inglés *emotional freedom techniques.* Hay una película titulada *Try It on Everything*, dirigida por Nicholas J. Polizzi, que vale la pena ver (de hecho, yo aparezco en ella). Describe e ilustra la EFT para que cualquiera pueda utilizarla. La película demuestra que esta técnica funciona documentando la vida de diversas personas que la han empleado para superar situaciones de mucho estrés.

La EFT se conoce como la cura del *tapping*. Es como una acupuntura psicológica, porque aplicas *tapping* («golpeteo») en ciertas partes de tu cuerpo mientras haces ciertas afirmaciones. (Para estas partes del cuerpo, *véase* el diagrama adjunto). Utilizo esta técnica casi a diario. Puedo enseñarte cómo aplicarla ahora mismo.

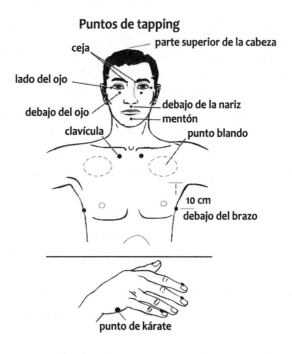

Puntos de tapping

parte superior de la cabeza

ceja

lado del ojo

debajo del ojo

debajo de la nariz

mentón

clavícula

punto blando

10 cm

debajo del brazo

punto de kárate

En la EFT, partes de una afirmación, por lo general una de preocupación, de miedo o de algún problema que tengas. Para nuestros propósitos, utilicemos el dinero. Utiliza una afirmación como: «Estoy preocupado por el dinero», «Estoy desesperado por el dinero» o «Estoy muy preocupado por la procedencia de mi dinero».

1. Golpetea la parte inferior del punto de kárate de tu mano (*véase* el diagrama) con los dedos de la otra mano mientras te dices a ti mismo algo como: «Aunque me preocupa el dinero, me quiero, me acepto y me perdono profundamente».
2. A continuación, emplea la palabra clave «preocupado». Pasa a la parte superior de la cabeza, la zona de la coronilla, y da unos pequeños toques un par de veces mientras dices: «Preocupado».
3. Golpetea suavemente por encima de las cejas y entre los ojos, mientras dices: «Preocupado».
4. Pasa al otro lado de los ojos y sigue dándote toques mientras dices: «Preocupado».
5. A continuación, pasa a la parte inferior de los ojos, sin dejar de golpetear ni de decir: «Preocupado».

6. Luego, pasa debajo de la nariz, justo por encima del labio, en esa pequeña hendidura llamada surco nasolabial o *filtrum*. Da unos golpecitos suaves mientras dices: «Preocupado».

7. Ahora golpetea por debajo del labio, justo por encima del mentón, mientras dices: «Preocupado».

8. Pasa a la parte izquierda del pecho. Encontrarás un punto algo doloroso allí. Golpetea suavemente o frota esa área mientras dices: «Preocupado».

A continuación, repite el procedimiento, esta vez utilizando la afirmación: «Aunque me preocupa el dinero, me quiero y me acepto del todo», mientras nuevamente aplicas *tapping* (golpeteos suaves) en las áreas que acabo de destacar.

Al aplicar este simple y sencillo proceso, liberas el estrés. También liberas la propia creencia. La EFT se ha utilizado en una amplia variedad de creencias y limitaciones, por lo que puedes aplicarla en otras áreas de tu vida. Aquí me estoy centrando en ella como una forma de aliviar las preocupaciones con respecto al dinero y se convierte en un atajo para atraer más dinero.

Se trata de una técnica poderosa, como respirar, recordarte a ti mismo que estás en el momento o tocar algo físico. Todas estas prácticas te ayudan a entrar en el ahora. El ahora es el punto de poder. Aquí es donde está el dinero, tu felicidad. Cuando partes de la sensación de que ya tienes lo que quieres, puedes ver mejor tus oportunidades para atraer más dinero.

MÁS ALLÁ DE QUEDARSE ATASCADO

Muchas personas que tienen ideas para ganar dinero se quedan atascadas cuando se trata de implementarlas.

Por lo general, estar atascado tiene que ver con un miedo: el miedo al fracaso o el miedo al éxito. Tienes que mirar a ambos. Pregúntate: «Si tengo éxito con esta idea de ganar dinero, ¿cómo me sentiré?». Puede parecer extraño, pero es posible que incluso quieras preguntarte: «¿Qué es lo peor que podría pasar?». Cuando desarrollas este escenario mental, te liberas de la carga y te das cuenta de que está bien tener éxito.

Puedes hacer lo mismo con el miedo al fracaso: si intentas la idea de hacer dinero y no funciona, ¿qué es lo peor que puede pasar? ¿Podrás sobrevivir? ¿Estarás bien? ¿Podrás seguir queriéndote si es un «fracaso»? Ponemos «fracaso» entre comillas porque todos sabemos que el fracaso produce un *feedback*. Muy a menudo, cuando intentas llevar a cabo una idea de negocio, te brinda una enseñanza sobre cómo perfeccionarla o cómo poner en práctica una idea completamente diferente. Hasta que actúes y tengas *feedback*, no sabrás qué paso dar a continuación. Mi primera sugerencia es que te tranquilices: quítate el miedo al éxito o al fracaso.

La segunda sugerencia consiste en dividir el proceso en pasos gestionables. Si te bloqueas, tal vez sea porque te sientes abrumado. He escrito muchos libros.

La gente a menudo me pregunta: «¿Cómo se escribe un libro?». Escribes los capítulos de uno en uno, o más importante aún, una página tras otra. Si estás pensando: «Mi idea para ganar dinero es grabar un programa, escribir un libro o abrir un negocio, pero no sé cómo hacerlo», es posible que tengas que dividir la idea en pequeños pasos. Da ese pequeño primer paso. Escribe el título, la primera frase, la primera página… Cuando lo hagas, sabrás cuál es el siguiente paso que debes dar. Con el tiempo, cuando avanzas pasito a pasito, consigues terminar tu tarea.

ENCUENTRA TU DICHA PARA HACER DINERO

Tal vez creas que estás destinado a hacer algo en el mundo de los negocios, pero no estás seguro de qué. Quizás te estés preguntando: «¿Cómo descubro mi propia dicha para hacer dinero?».

La verdad es que probablemente sepas cuál es tu dicha para hacer dinero, pero has tenido miedo de admitirlo. Una vez estaba dando una presentación en Florida. Bob Bly (un famoso redactor creativo) oyó una conversación que mantenía con un señor mayor que me estaba diciendo:

—No sé cuál es mi pasión. Tengo sesenta y tantos años. Estoy jubilado. Era contable. Hice eso toda mi vida. Ya no quiero hacerlo más. Quiero atraer dinero, pero desconozco cuál es mi pasión.

—¿Qué hace para divertirse? –le pregunté.

—Mi hobby es la jardinería –contestó.

—Puedes escribir un producto informativo sobre jardinería –le dije.

El señor mayor inmediatamente lo descartó y me dijo:

—Ya hay todo tipo de libros sobre jardinería.

Bob Bly, que lo había escuchado todo, se dirigió a nosotros y dijo:

—No tiene en cuenta que hay un montón de aficionados que no saben lo que usted sobre jardinería. Si escribiera algo sobre su método de jardinería o sobre cómo iniciarse ella, y se enfocara en ofrecerlo a los novatos, podría crear un producto de información y ganar dinero con su hobby.

Estoy totalmente de acuerdo. Caso tras caso, he descubierto que todo el mundo tiene algún tipo de experiencia, conocimiento, talento, hobby o pasatiempo.

Si buscas una nueva forma de ganar o atraer dinero, te diría que consideres lo que has estado haciendo en secreto para divertirte. Fíjate si se puede convertir en un producto de información o en un negocio. Tal vez tengas que mantener alguna conversación con un amigo que te escuche, necesites un coach o una Master Mind. Tal vez sólo necesites meditar y reflexionar sobre lo que te gusta hacer. Por lo general, si te fijas en lo que te gusta hacer, puedes encontrar tu nueva idea para atraer dinero.

HO'OPONOPONO

En algún momento, cualquier conversación sobre atraer dinero tiene que incluir a otras personas. Sé que en algunos momentos de mi vida he tenido que hacer frente a esta cuestión. Nos topamos con lo que llamaré «personas no despiertas». Nos encontraremos con personas que todavía se encuentran en la etapa de victimización de la mentalidad. Si las escuchas, te hundirán. Por eso es tan importante leer material positivo (como estás haciendo ahora). Crea un Master Mind y ten un grupo de apoyo, con el cual deberás trabajar al menos durante un tiempo, para contrarrestar el efecto de los chismorreos.

Lo que he observado con respecto a las personas que no están despiertas es que si las ignoras tienden a irse. También tienden a desaparecer a medida que trabajas en ti mismo, porque cuando cambias, ya no se sienten atraídos por tu vida. A medida que vas trabajando para despertarte a ti mismo, pasando de la victimización al empoderamiento e incluso más allá, eliminas el motivo para tener a estas personas junto a ti. En muchos sentidos, éstas simplemente reflejan las creencias que permanecen en tu interior. A medida que las liberas, esas personas desaparecen.

El nuestro es un universo mágico. Cuando cambias, el mundo exterior se redecora, se repuebla y se modificar por completo, por lo que parece que ahora te encuentras en un planeta completamente diferente.

Hay una manera maravillosa de ordenar algunas de esas creencias ocultas que permanecen dentro de ti que podrían atraer a tu vida algunas de estas personas que no están despiertas.

Ésta es una de las historias más poderosas que he escuchado. Hace años oí hablar de un terapeuta que trabajaba en un hospital psiquiátrico para criminales con problemas mentales situado en Hawái. Este hospital era un lugar infernal. Los médicos no duraban en sus puestos. El personal seguía renunciando al trabajo. La rotación era horrible. Los propios presos, los pacientes, eran tan violentos que, si visitabas la sala, tenías que caminar con la espalda contra la pared para que no te atacaran. Estos criminales con enfermedades mentales tenían que ser sedados o encadenados todos los días.

Finalmente, el hospital contrató a un terapeuta particular. Sabía dónde se estaba metiendo y planteó una demanda.

—Iré a este hospital, pero no veré a los pacientes directamente. Utilizaré mi propia forma de sanación espiritual y trabajaré en mí mismo cuando esté allí –dijo.

Dado que el hospital estaba tan desesperado, le permitieron hacer su trabajo particular de la manera que él quería hacerlo.

El terapeuta entraba en su despacho y cerraba la puerta. Miraba los registros y las historias clínicas de los pacientes. Mientras los miraba, sentía lo que estaba sintiendo (rabia, decepción, pena, ira, frustración…).

Independientemente de lo que sintiera, no trataba de salir y cambiar a los pacientes, que es lo que haría la mayoría de la gente. Percibía todo cuanto sentía. Luego se dirigía a lo divino en forma de plegaria y simplemente decía cuatro frases. Las cuatro frases que decía no estaban diseñadas para cambiar a nadie más, sino para purificarlo a él.

Cuando oí por primera vez esta historia, pensé: «Esto suena ridículo. Conozco la sanación a distancia, diferentes modalidades de cambio y transformación, pero ¿cómo puede un terapeuta tratar de curar a criminales con enfermedades mentales sin ni siquiera verlos, tan sólo mirando sus registros y hablando con lo divino?». Aquello no tenía sentido.

La historia se volvió aún más hipnótica, porque resultó que cuando el terapeuta empezó a aplicar este simple proceso sólo consigo mismo, los pacientes comenzaron a mejorar en unas semanas. En cuestión de meses, algunos de ellos ya no estaban sedados ni tenían que permanecer encadenados. Al cabo de un año, a gran parte del personal le resultaba agradable trabajar y se quedaba. Otros terapeutas querían ir a trabajar allí. El ambiente del hospital cambió por completo. Los pacientes estaban cada vez mejor y algunos eran dados de alta. Después de dos años, casi todos los reclusos fueron puestos en libertad. Al cabo de cuatro años, el pabellón se cerró.

Ahora bien, esto es milagroso, histórico, alucinante. Este terapeuta, en lugar de cambiar a todas las personas que había a su alrededor, sólo trabajaba consigo mismo. Fui a Hawái y busqué al terapeuta. Su nombre es Dr. Ihaleakala Hew Len. El método que utilizó se conoce como *Ho'oponopono*. El Dr. Hew Len volvía su mirada a lo divino y decía estas cuatro frases: «Te amo. Lo lamento. Por favor, perdóname. Gracias».

Ésas fueron las cuatro frases. El Dr. Hew Len las decía en el orden que le apetecía en aquel momento. Las solía pronunciar en silencio, pero a veces las decía en voz alta. Las pronunciaba constantemente, sin parar. Cada vez que aparecía algo dentro de él como respuesta a lo que veía en otras personas, no intentaba cambiarlas. Decía esas cuatro frases.

¿Cómo funciona esto? En primer lugar, el terapeuta se responsabiliza por completo de todo en su vida. Él sabe que la afirmación: «Tú creas tu propia realidad» es verdadera. En realidad, significa algo más de lo que puedes haber considerado. Si creas tu propia realidad y aparece un compañero de trabajo en tu vida que te hace pasar un mal rato con tus nuevas creencias, entonces, también has creado a ese compañero de trabajo. Creas tu propia realidad, pero tu realidad es todo lo que hay en ella, incluidas las personas. No hay excepciones a lo que has creado. Si creas tu propia realidad y aparece alguien que no te gusta, está en tu realidad y tú la has creado.

El Dr. Hew Len decidió que él era cien por cien responsable de todo en su vida, incluidos los criminales con enfermedades mentales. Cambiar desde fuera no había funcionado, por lo que decidió que la única forma de cambiarlos era cambiándose a sí mismo. Dado que no conocía toda la programación inconsciente que estaba pasando dentro de él y que atraía a estos pacientes hacia él, tuvo que entregarla a un poder superior. No podía hacerlo desde su ego, desde su formación psicológica, sino que debía hacerlo a través de lo divino. Se sentaba en su silla, miraba esos registros, sentía lo que estaba sintiendo, dirigía su petición a lo divino y decía: «Te amo. Lo lamento. Por favor, perdóname. Gracias».

Puedes decir estas frases para eliminar cualquier cosa que no te guste del mundo exterior, pero lo que es más importante aún, para eliminar todos los bloqueos que hay dentro de ti.

Quiero que entiendas lo que realmente estás comunicando cuando dices estas cuatro frases. Cuando dices, «Lo lamento», básicamente estás diciendo «lo lamento por mi inconsciencia. No tenía ni idea, ni una pista, de qué parte de mí o de mi sistema de creencias o de mi inconsciente se ha estado manifestando y ha atraído lo que sea que hay en mi vida que no me gusta. No sé de dónde procede, así que lamento no haber sido consciente de ello».

«Por favor, perdóname» es una extensión de esta declaración. Estás diciendo: «Por favor, perdóname por no ser consciente, por no haber corregido esto antes. Por favor, perdóname por cualquier acción o inacción que haya llevado a cabo o haya dejado de llevar a cabo para atraer o no atraer dinero. Por favor, perdóname por mi inconsciencia, por no estar despierto».

Con «Gracias», estás diciendo, «Gracias por encargarte de esto. Gracias por mi vida. Gracias por resolver esto. Gracias por purificar y limpiar el problema que he percibido en los demás, pero que en realidad está en mí». «Gracias» es la declaración de gratitud.

Para mí, las palabras «Te amo» son las palabras más poderosas que puedes decir. Cuando dices, «Te amo», te reconectas con lo divino. Si quieres prosperidad, dinero, abundancia…, reconéctate con lo divino, porque lo divino es prosperidad y abundancia. Cuando dices, «Te amo», te fusionas con la esencia de lo divino, que es amor. Al abordar lo divino con cuatro declaraciones, en realidad, te purificas a ti mismo.

Éste es uno de los métodos de purificación más poderosos que conozco. Si buscas un atajo para atraer dinero, aquí está. Sumérgete en el momento y di: «Te amo. Lo lamento. Por favor, perdóname. Gracias».

Hoy en día digo estas frases casi todo el tiempo. Quiero limpiar cualquier cosa en mí que pueda impedir que el dinero llegue a ti. Después de todo, también te creé en mi propia vida. Estoy eliminando cualquier bloqueo dentro de mí para que tú y yo podamos atraer más dinero.

Espera milagros, dinero, la felicidad. Espera estar en este momento, conectando con lo divino.

SEIS
DOMINIO DEL DINERO

En este capítulo, voy a hablarte sobre el dominio del dinero. Te daré consejos, ideas y recursos para ayudarte a atraer dinero a un ritmo acelerado.

HAZ DE LA RIQUEZA UN ESTUDIO

Empecemos por hacer de la riqueza un estudio. Puedes atraer más dinero a tu vida enfocándote en cómo lo han hecho otras personas. Aprende de sus técnicas, sus biografías, sus secretos. También puedes aplicarlos. Puedes acortar tu curva de aprendizaje leyendo y escuchando a otros autores, e incorporando este estudio de la riqueza a tu estilo de vida.

Tengo una lista de libros y recursos que quiero ofrecerte, ya que creo que te ayudarán. (Sigue tu intuición con todas estas recomendaciones). Uno de ellos es *Spiritual Economics*, de Eric Butterworth. Este libro cambió mi vida hace muchas décadas, cuando todavía estaba aprendiendo cómo atraer dinero. Se trata de uno de esos libros de llamada para despertar. Todavía se encuentra en las estanterías. Eric Butterworth ha escrito muchos otros, todos ellos dignos de ser leídos, pero me quedaría con éste.

Jerry y Esther Hicks han escrito varios libros. Uno que te recomiendo es *Ask and It Is Given*.

Otro libro que te ayudará a comprender tu programación y tu propia mente inconsciente es *Why Is This Happening To Me . . . Again?!* Michael

Ryce). Es probablemente uno de los cinco mejores libros que me hicieron despertar a mi propia programación. Una vez más, creo que la vida es un proceso de despertar. Con el libro que estás leyendo, estás despertando a *cómo atraer dinero, pero el de Michael Ryce te ayudará en todas las áreas de la vida, no* sólo desde el punto de vista financiero.

También creo que deberías leer al empresario Richard Branson y a Dan Kennedy. Dan Kennedy es un genio y un mago del marketing, y tiene toda una serie de guías *No BS*[1] que te ayudar*án* a pensar más prósperamente y como un emprendedor.

El primer libro que cambió mi vida fue *The Magic of Believing*, de Claude Bristol. Se publicó en la década de 1950, pero ha resistido el paso del tiempo. Se considera un clásico y todavía se imprime en la actualidad. Lo he leído tal vez una docena de veces y te animo a que lo hagas. El autor sostiene que, cuando crees en algo, lo atraes a tu vida. Por supuesto, esto se relaciona con todo lo que te he contado, porque cuando crees o esperas atraer dinero, encontrarás formas de hacerlo.

How To Get Rich, There's a Customer Born Every Minute Otra llamada para despertar y ayudarte a comprender tu mentalidad de riqueza es un libro de Darel Rutherford titulado *So, Why Aren't You Rich?* Consigue que te cabrees un poco, porque se planta delante de tu cara y te pregunta qué piensas y qué haces cuando se trata de atraer suficiente dinero para ser rico.

Si no has leído el clásico *Think and Grow Rich*, de Napoleon Hill, ahora es el momento de hacerlo. Ese libro ha ayudado por sí solo a más personas a hacerse ricas que posiblemente cualquier otro libro en la historia. Se encuentra en todas partes. Puedes conseguirlo en formato papel, digital o audiolibro. Búscalo, léelo y reléelo.

Otro libro que me ha ayudado es *The Dynamic Laws of Prosperity*, de Catherine Ponder. Es un gran compañero de éste que tienes entre manos y habla sobre el enfoque espiritual y psicológico interior para atraer más dinero.

Ya he mencionado *The Superman Syndrome*, de Gene Landrum. Este autor ha escrito muchos libros y te animo a que los leas todos. El

---

1. *BS* es la abreviatura de *bullshit*, que podemos traducir como «sandeces» o «mentiras». *(N del T.)*

síndrome de Superman hace referencia a que finges que eres Superman o cualquier multimillonario que admires, y luego invocas sus rasgos desde tu interior.

Hay varios programas de audio que también te recomiendo, muchos de ellos de Nightingale Conant. Su web, www.nightingale.com, es un catálogo navideño de posibilidades.

Tiene numerosos audios en todo tipo de categorías, desde lo espiritual hasta la autoayuda, desde la mejora de la mente a la salud y el bienestar. Tengo dos programas de audio grabados con ellos, uno titulado *The Missing Secret*, que explica cómo usar la ley de la atracción para atraer a tu vida las cosas que quieres, no sólo dinero, sino también relaciones, salud o cualquier otra cosa que puedas imaginar. El otro programa se titula *The Power of Outrageous Marketing*. Si estás interesado en pensar como un emprendedor y aprender técnicas de marketing y publicidad, búscalo.

Otro programa que me encanta se titula *The Wealth Magnet*, del Dr. Dolf de Roos. Es fantástico. Lo he escuchado varias veces. Te enseña a cambiar tus creencias, tal como yo he hecho en este libro. Te dice que cuando cambias tus creencias y actúas de manera diferente, comienzas a atraer más riqueza.

Otro programa que recomiendo mucho es *The Transforming Debt into Wealth System*, de John Cummuta. Es un recurso maravilloso para ayudarte a olvidarte de las deudas y empezar a generar riqueza.

Otro programa de audio muy recomendable se titula *Change Your Beliefs, Change Your Life*, de Nick Hall. Incluye un proceso de desafío de creencias en siete pasos. Dado que vivimos en un universo creado por creencias, si logras cambiarlas, cambiarás tu realidad. El programa de Nick Hall puede ayudarte a conseguirlo.

Otro programa que me encanta es *Your Inner Awakening*, de Byron Katie. Soy un gran admirador de Byron; he leído todos sus libros y he escuchado todo su material. Me ayuda a despertar.

Finalmente, y hablando del despertar, escucha mi propio programa *The Awakening Course*, que describe las cuatro etapas del despertar. Puedes leer sobre este tema en TheAwakeningCourse.com o ir a AwakeningDownload.com, donde puedes descargarlo directamente a tu iPod o a tu ordenador, y escuchar el programa cuando quieras.

Todos estos recursos pueden ayudarte a atraer más dinero. Algunos, si no puede comprarlos, los encontrarás en la biblioteca. También tenemos que dar gracias a Dios por las bibliotecas. Ve a la biblioteca. Pide prestados libros y audios como los que te he mencionado u otros que traten el mismo tema. Cuando puedas pagarlos, cómpralos, léelos y escúchalos repetidas veces. Así reprogramarás tu mente. Estarás *dejando el victimismo y empoderándote*, pensarás como una persona rica. Cuanto más actúes de este modo, *más* dinero atraerás.

UNA NUEVA DEFINICIÓN DE MARKETING

De vez en cuando, me he encontrado con personas que me han dicho que las ventas y el marketing les resultan desagradables. Creo que mucho de eso tiene que ver con su actitud hacia el dinero en general, porque si se sienten bien con el dinero, deberían estar bien con el marketing y las ventas, que son una herramienta para generar más dinero.

En cualquier caso, déjame darte mi nueva definición de marketing: consiste en compartir tu amor por tu producto o servicio con el público objetivo al que le encantará descubrirlo. La mayoría de las personas que se quejan del marketing y las ventas lo hacen porque el mensaje no coincide: le estaban explicando su producto a la audiencia equivocada y, por supuesto, esa audiencia se quejó.

A veces, las personas intentan vender algo en lo que no creen. Su corazón, su amor y su pasión no están detrás del producto, por lo que lo perciben como un trabajo. Si compartes tu pasión o tu amor por tu producto o servicio con personas que te van a agradecer que lo hagas, consigues un maravilloso *win-win* que hace que el mundo funcione. Atraerás dinero de manera fácil y sin esfuerzo porque estás sirviendo a la gente. Todo el mundo lo notará, notarán el amor, y ese amor provocará una abundancia que nunca habías imaginado.

El marketing y las ventas no son manipulación ni un trabajo duro, tampoco son malos. El marketing y las ventas consisten en compartir tu amor por tu producto o servicio, tu negocio, con las personas adecuadas, las cuales te felicitarán, te darán las gracias y tal vez incluso te abrazarán mientras te dan dinero por tu producto o servicio.

Grábate esta nueva definición en tu corazón y atraerás *más dinero* de manera *fácil, sin esfuerzo y más rápido que nunca.*

GESTIÓN DEL TIEMPO

La gestión del tiempo forma parte de aprender a dominar el dinero. Ahora de comento cómo lo hago. Antes de irme a la cama, confecciono una lista de lo que quiero hacer al día siguiente. Me ayuda a eliminar estas cosas de mi mente consciente para poder irme a dormir sin pensar en mi lista de tareas pendientes para el día siguiente. Pero también pasa algo más profundo y mágico: solicito la ayuda de mi mente subconsciente. Digo «Quiero trabajar en estos proyectos mañana, y tú [es decir, mi mente subconsciente] comienzas a trabajar en ellos ahora, mientras me voy a dormir».

Durante la noche, mientras mi mente consciente duerme, mi mente inconsciente, que nunca duerme, trabaja en esas tareas pendientes. A la mañana siguiente, cuando me levanto y miro las tareas pendientes, veo que algunas ya están hechas, lo que significa que las soluciones se han formado en mi mente. Todo lo que tengo que hacer es actuar.

Por ejemplo, la noche antes de escribir un comunicado de ventas o enviar un correo electrónico a mi lista de distribuidores, podría anotar que quiero escribir este comunicado para promocionar uno de mis productos y que me encantaría que obtuviera una 95 % de respuesta. Aquí estoy declarando una intención que, como comprenderás, es parte de la fórmula de los cinco pasos del factor de atracción. Le he dado una orden a mi mente inconsciente y me voy a dormir. No me preocupo por el proyecto. Confío en que mi mente ya trabajará en ello.

Al día siguiente, cuando me levanto, puede que tenga o no una idea de qué escribir en ese momento, pero enciendo el ordenador y me pongo a escribir. La mayoría de las veces, el material me llega de manera más fácil y sin esfuerzo, porque mi mente inconsciente ya ha trabajado antes de sentarme delante del teclado. Éste es uno de mis trucos de gestión del tiempo: hago que mi mente subconsciente trabaje para mí.

Déjame proponerte otro ejercicio avanzado de gestión del tiempo. Cuando confecciono mi lista personal de cosas por hacer, también tengo una lista de cosas por hacer por parte del universo. Esto puede parecer extraño, pero funciona.

Hago dos listas de cosas por hacer. Una dice: «Mañana a las doce del mediodía tengo una cita, una llamada telefónica. Voy a estar pendiente». O voy a escribir un comunicado de ventas. O voy a practicar ejercicio por la mañana, como suelo hacer. Puede significar que tengo una reunión de negocios. Son cosas que tengo que hacer físicamente. Las pongo en la lista de tareas pendientes como recordatorio y como una forma de quitarlas de mi mente y hacer que mi mente subconsciente comience a trabajar en ellas.

La segunda lista de cosas por hacer está formada por las cosas que quiero que el universo haga por mí. Por ejemplo, si tengo un libro nuevo y quiero vendérselo a una gran editorial, podría incluir en la lista: «Universo, por favor, dirígeme a la editorial o dirige a la editorial hacia mí para que me ayude a conseguir la mejor oferta para publicar mi nuevo libro». Estoy declarando una intención para el universo. Estoy enviando un mensaje en una botella, por decirlo de algún modo, hacia el espacio. Entonces, el universo recogerá este mensaje y me hará coincidir vibracionalmente con la solución. Sobre la marcha recibo una llamada telefónica, veo un anuncio en una revista o un artículo en el periódico, o bien escucho una conversación que me llevará hasta la editorial que estaba buscando.

Con este proceso, pido ayuda a mi mente subconsciente y al universo mismo.

HAZ MUCHO

La gente a menudo me pregunta: «¿Cómo consigues hacer tantas cosa? ¿Qué haces primero?».

Primero trabajo en lo que tiene más energía. Considero mis tareas del día y digo: «*¿Cuál me llama más la atención? ¿Cuál tiene más energía? ¿Cuál está diciendo "Soy lo primero"?*». Sea lo que sea, lo hago primero.

Cuando se trata de formas de gestionar tu tiempo hora por hora, mi regla general es que, si hay algo que es desagradable en mi lista, algo que no tengo ganas de hacer (mis impuestos, por ejemplo), lo haré primero para quitármelo de encima (entonces puedo recompensarme con algo que es mucho más divertido) o buscaré a alguien que considere que es divertido hacerlo y lo contrataré para que lo haga.

Éste podría ser uno de los secretos de gestión del tiempo más importantes que jamás hayas oído: solía hacer la declaración de renta yo mismo. No me gustaba, no la entendía, no sabía hacerla bien. Por esos motivos es probable que cometiera muchos errores. Perdía el tiempo y las energías. Finalmente, me dije: «Esto no me resulta nada divertido» y encontré a alguien que lo consideraba divertido y le pagué para que me la hiciera; mis ingresos se multiplicaron por diez.

Éste es un importante secreto para atraer dinero. Si haces lo que te divierte, conservas tu energía. Mantiene tu energía a un nivel altísimo. Sigues avanzando. Dado que tu energía está alta, la vibración que envías al universo hace que atraigas más riqueza y más oportunidades de vibración alta.

En cambio, cuando haces cosas con las que no disfrutas, provocas que tu energía baje. Cuando tu energía desciende, no te sientes bien, no eres feliz. Envías una señal que conecta con la energía baja. Es una espiral descendente. Si quieres subir en espiral, delega tareas en otras personas, sobre todo si no disfrutas con ellas.

Éste es uno de los mayores secretos sobre la gestión de tiempo y de proyectos que he elaborado. En resumen, haz aquello que te resulte divertido y atraerás más dinero a tu vida.

¿QUÉ NEGOCIO ABRO?

Hablemos ahora sobre el sistema del factor de atracción para atraer dinero y adaptémoslo a algo específico para ti. Has leído este libro hasta este punto y te estás preguntando: «*¿Qué negocio abro?*, ¿Qué hago como emprendedor?, ¿Cómo pienso como emprendedor?, ¿Qué hago después?, ¿Cómo ingreso dinero cuando todavía estoy arruinado?». Tal vez, has comprado muchos de los productos de los que te he hablado y has tomado cartas en el asunto con respecto a algunas de mis sugerencias. Seguramente, ahora estás sentado y te preguntas: «*¿Qué debo hacer?*».

Vamos a utilizar la fórmula de los cinco pasos. El primero es saber qué es lo que no quieres. Si estás sentado allí diciéndote, «No sé qué hacer ahora», perfecto. Esto es lo que te ha traído el primer paso.

Convierte la lamentación en el segundo paso: escoge lo que sí quieres. ¿Cuál es tu intención? Si no sabes qué hacer a continuación, probablemente sea algo así como: «Quiero saber con absoluta certeza cuál es el siguiente paso que tengo que dar», «Quiero saber con absoluta certeza *cómo atraer más dinero a mi vida en este momento*», «Quiero saber con absoluta certeza *cómo abrir un negocio o qué negocio abrir*» o «Quiero saber con absoluta certeza cómo meterme en un negocio y comenzar a atraer más dinero». En algún lugar está tu intención.

El paso número tres consiste en despejar la interferencia que hay entre ti y tu inten*ción. Si estás empezando a pensar*, «No sé qué *voy a hacer;* no creo que todo esto vaya a funcionar; todavía me siento pobre», entonces, tienes que utilizar algunas de las técnicas que te he explicado para investigar tus creencias. Una de las más sencillas es la conocida como *Ho'oponopono*, de la que te hablado en el capítulo anterior.

Sientes tu frustración, tu indecisión. No sabes de dónde proviene. No sabes cómo eliminar estas sensaciones, pero diriges tu preocupación a lo divino, sea lo que sea que eso signifique para ti. Dices: «Te amo. Lo lamento. Por favor, perdóname. Gracias». Con estas cuatro. frases, estás diciendo: «Lo siento. No sé cómo he creado este estado de indecisión y confusión, esta experiencia de sentirme pobre. Por favor, perdóname por lo que sea que haya pensado, lo que pensaran mis abuelos, lo que esté en mi ADN, lo que esté en mi sistema que me hace sentir de esta manera. Por favor, perdóname por ello, porque yo no sabía y ellos no sabían lo que estaban haciendo».

«Gracias» *significa* «Gracias por borrar esto, por esclarecerlo, por limpiarlo, por devolverme a un lugar de paz en este momento».

«Te amo» es la declaración más poderosa para reconectarte con la experiencia de lo divino, que para mí no es otra cosa que amor. Puedes liberarte pasando por el proceso de *Ho'oponopono*.

El cuarto paso en nuestra fórmula secreta del millón de dólares es sentir cómo sería tener, hacer o ser lo que quieres. En este caso, porque quieres saber qué hacer a continuación en tu vida o qué hacer para atraer más dinero, ¿cómo te sentirías si tuvieras el dinero? ¿Cómo te sentirías si supieras qué hacer a continuación en este preciso momento?

Tan sólo, imagínatelo por un momento. Permítete estar ya allí mentalmente: ahora sabes qué hacer a continuación. *¿Cómo te sientes,* aunque en realidad no lo sepas? ¿Cómo se siente tu cuerpo? ¿Cómo se siente tu mente? ¿Cómo se siente tu energía cuando finges que ya lo has conseguido? Si estás tratando de atraer más dinero ahora, ¿cómo se siente tener el dinero ya? Tienes el dinero. En este preciso momento, dispones de un montón de dinero en efectivo en tu bolsillo. De repente, miras tu cuenta bancaria y está hinchada. Ha ocurrido un milagro y hay más dinero allí del que jamás imaginaste. ¿Qué ha sucedido ? ¿A quién le importa? Ha ocurrido y basta. ¿Qué se siente?

Éste es el cuarto paso: imagina que el plan se ha cumplido ahora mismo.

Finalmente, libérate de tu adicción o tu apego, tu necesidad de que todo funcione de una manera concreta. Deja ir la ansiedad. Recuérdate a ti mismo: «Estoy bien. Estoy en este momento, y todo está bien. No tengo que preocuparme ni inquietarme. Todo se desarrolla según un orden divino. Tal vez no vea la imagen completa, pero confío en el desarrollo». Es una flor que está floreciendo, y la flor eres tú.

Cuando sientes estas cosas, es posible que recibas empujones para hacer algo. Tal vez sea para acudir a la Small Business Administration.[2] Tal vez sea para responder a un anuncio, enviar un currículum, abrir un negocio o ver un programa de en concreto. No sé qué será, pero brotará dentro de ti como resultado directo de esta fórmula secreta del millón de dólares.

Sigue estos pasos. Hazlo mentalmente y por escrito. Estos pasos te guiarán sobre qué hacer y qué decidir a continuación, y cómo sentirte rico en este momento.

---

2. Fundada en 1953, la Small Business Administration (Agencia Federal de Pequeños Negocios de Estados Unidos) es una agencia del gobierno federal de Estados Unidos que brinda apoyo a empresarios y pequeñas empresas. *(N. del T)*

Stripped Down Guitar

Si te has quedado sentado preguntándote por dónde comenzar tu negocio o si has estado buscando una idea para un producto o servicio, y parece que no puedes visualizarla, tengo buenas noticias: vender información. Esto es realmente importante, sobre todo en Internet, un lugar donde me he especializado en vender productos de información durante décadas.

Es muy sencillo. Considera tus propias pasiones, hobbies, experiencia o formación para descubrir qué has estado haciendo que otras personas estarían interesadas en saber hacer. Una vez que lo pongas por escrito, puedes vender esa información a esas personas. Escúchame bien, porque esto es fascinante y realmente poderoso. Es una gran oportunidad de ganar dinero para cualquiera, incluido tú.

Una vez una chica vino a visitarme cuando vivía en Austin (Texas). Había oído hablar de Internet y había oído hablar de mí. Realmente no se podía creer que pudieras ganar dinero *online*.

Fuimos a comer. Respondí a todas sus preguntas, pero se mostraba muy escéptica. Seguía diciendo que no veía dónde podía ganar dinero *online*; sólo tenía veinte años. No tenía experiencia, ni educación, ni un historial interesante; entonces, ¿cómo podría preparar algún tipo de producto de información para venderlo en Internet?

Después de escucharla, le hice algunas preguntas.

—*¿Qué te gusta hacer? –le pregunté.*

Le gustaba montar en bicicleta.

—*¿En qué estás interesada?* –seguí preguntando.

—Me interesa la comida cruda –respondió.

—¿Cuál es tu pasión? ¿Qué experiencias tienes? ¿Cuáles son tus hobbies? –indagué.

—Bueno, aprendí a tocar la guitarra por mi cuenta.

Probablemente podría haber escrito un libro de cocina con productos crudos. Podría haber hecho algo relacionado con el ciclismo, tal vez rutas para ciclistas de Texas o la zona de Austin. Pero cuando oí que ella sola aprendió a tocar la guitarra, mis oídos se aguzaron y pensé «Esto suena interesante».

—¿Cómo aprendiste a tocar la guitarra? –le pregunté.

—Por mi cuenta en una semana –respondió.

—Espera un minuto. ¿Aprendiste a tocar la guitarra por tu cuenta en un fin de semana?

—Sí. Lo hice con mi propio método. Aprendí a tocar la guitarra porque quería tocar unas pocas canciones y ahora sé tocarla. Empecé en un fin de semana –siguió diciendo.

—¿Has enseñado este método a alguien más? –le pregunté.

—No. Ya hay muchos libros para aprender a tocar la guitarra en el mercado.

—Esto no importa –le dije–. La gente siempre quiere aprender cosas nuevas. Si hay un público para un servicio, un producto o un hobby en particular, hay una demanda intrínseca de más información en ese tema.

Me encantan las guitarras, las colecciono. Siempre estoy aprendiendo a tocar la guitarra y quiero aprender formas más rápidas de hacerlo. No soy muy diferente del público que querría aprender a tocarla en un fin de semana. La insté a escribir su método. Al principio se resistía un poco, pero confiaba en mí. Consideró mi estilo de vida y buscó mi nombre en Internet. Pensó: «Supongo que este Joe Vitale sabe cómo ganar dinero *online*. Lo escucharé».

Escribió un librito electrónico, que tituló *Stripped Down Guitar*. En él explicaba cómo aprendió a tocar la guitarra por su cuenta en un fin de semana, y explicaba a los lectores cómo aprender a tocar la guitarra por su cuenta. Lo leí y me encantó. Pensé que era muy sencillo, muy divulgativo. El libro no era muy largo, y ésa es la maravilla de los libros electrónicos y de los productos de información: no tienen que ser muy detallados, deben ir al grano, enseñar a la gente lo que has prometido enseñarles, y quedarte allí.

Le dije a la joven que añadiera algunas fotografías al libro, porque ayudaría a la gente a visualizar lo que estaba explicando. Luego le dije que convirtiera su documento de Microsoft Word en un documento PDF, que prácticamente todos los ordenadores pueden leer. Convirtió su libro en un PDF y me lo mostró.

—Éste es un producto de información –le dije.

También le expliqué cómo subir un sitio web. Subió el sitio web yendo a GoDaddy.com y comprando el dominio para Stripped Down-Guitar.com. Luego pagó para subir un sitio web para poder vender el libro electrónico. A continuación, le dije que fuera a ClickBank. Click-Bank.com es una página donde la gente puede comprar su producto en concreto. Procesa las tarjetas de crédito y te envía un cheque cada dos semanas. Le expliqué todo esto.

—Vamos a contar a todo el mundo que existe tu libro electrónico –le dije entonces.

Comenzó a comercializarlo y promocionarlo. Yo lo di también a conocer, por lo que inmediatamente empezó a venderlo. Sabía conectarse y moverse por Google. Escribió «enseñanza de guitarra», «clases de guitarra» o «grupos de guitarra», y Google le mostró los diferentes lugares donde las personas estaban interesadas en aprender a tocar la guitarra. Entonces, se dirigió a esos diferentes grupos y explicó que había publicado un libro electrónico. No recuerdo lo que cobraba por cada ejemplar, pero aproximadamente debía ser entre 19,95 y 25,95 dólares. Empezó a ganar miles de dólares al día.

El remate final fue alguien que compró ese libro, se le acercó y le dijo:

—Me gusta tanto que quiero comprar los derechos para distribuirlo yo mismo.

La joven vendió los derechos de su libro electrónico por 10 000 dólares.

Esto es bastante destacable si se tiene en cuenta que, cuando la joven vino a verme por primera vez, no tenía ni idea de qué escribir, de cómo hacer un PDF o un libro electrónico, de qué era ClickBank o GoDaddy, de que podría ganar dinero con algo que ella consideraba un hobby. Estaba sin blanca cuando la conocí. Confesó que estaba pidiendo dinero prestado a sus padres para pagar sus facturas. Pasó de cero a ganar miles de dólares al día y, finalmente, a tener un ingreso de 10 000 dólares.

Desconozco qué significan 10 000 dólares para ti, pero significan mucho para mí y para ella. Fue como que le hubiera tocado la lotería. Eso es lo que sucede cuando comienzas a crear productos de información. De hecho, creas productos que se venden mientras duermes.

La primera vez que me pasó esto fue hace algunas décadas, cuando creé un producto de información titulado *Hypnotic Writing*. Ahora está disponible como libro publicado, y todavía creo que puedes conseguirlo como libro electrónico. Creo que, cuando lo lanzamos por primera vez como libro electrónico, cobramos 29,95 dólares por cada ejemplar. Puedes cobrar lo que quieras por un libro electrónico, porque es información y la gente paga para conseguir la solución. No les importa lo grande o lo elegante que sea; sólo quieren que les solucione el problema.

En este caso, los lectores querían aprender a escribir de manera hipnótica, un concepto que creé yo. Anuncié *Hypnotic Writing*, lo vendí por 29,95 dólares y, de la noche a la mañana, vendí 600 copias.

Comprende que un libro electrónico no es un libro impreso. Es algo que lees en tu ordenador. Es un archivo digital, a veces un archivo de texto, por lo general un PDF, lo que significa que no hay nada que imprimir, guardar o enviar. En muchos sentidos, es un producto invisible, pero es muy real para la persona que lo compra.

Aquí pasa otra cosa maravillosa: la gratificación instantánea. Al momento, obtienes el dinero del cliente, y éste instantáneamente obtiene el producto. Todo sucede en tiempo real. Cuando comencé con *Hypnotic Writing*, vi que era una poderosa y maravillosa manera de atraer dinero a mi vida. Luego publiqué muchos otros libros electrónicos, incluidos *Hypnotic Selling Stories*, *The Hypnotic Swipe File* y toda una serie de libros hipnóticos de esto y aquello para acompañar a mi marca, que en ese momento de la historia era yo.

Esto no es inusual. En caso de que tengas un pensamiento escéptico («No tengo ninguna pasión, ningún interés, ningún hobby»), ni siquiera necesitas tener nada de eso. Puede publicar un libro de dominio público, esto es, un libro que ha perdido los derechos de autor. En términos generales, si un libro se publicó antes de 1925, es probable que sea de dominio público, lo que significa que cualquier persona puede reeditarlo.

Déjame darte un ejemplo de lo maravilloso que puede llegar a ser. Hace unos años, me encontré con una serie de libros sobre pelmanismo, que fue creado en el Instituto Pelman para el Desarrollo Científico de la Mente, la Memoria y la Personalidad en Londres en la década de 1920. Se trata de autoayuda y espiritualidad. Lo leí y me encantó. Pensé: «Alguien tiene que devolver esto al mundo». ¿Por qué no yo? Convertí todos esos libros en libros electrónicos. Escaneé cada una de las páginas. Incluso puedes escribir todas las páginas y convertirlas en un documento de Word y luego convertirlo en un PDF para que cualquier ordenador pueda leerlo.

Convertí el pelmanismo en un curso de información *online*. Luego hice algo que todos los demás pensaron que era genial, aunque para mí era simplemente el siguiente paso lógico.

Como el pelmanismo surgió en la década de 1920, me preguntaba si podría encontrar los anuncios que se utilizaban para vender el curso por aquel entonces. Me puse a husmear. Google es una herramienta de búsqueda tan maravillosa que rápidamente encontré algunos anuncios a página completa para el curso de pelmanismo. Estos anuncios aparecieron en la década de 1920, por lo que también eran de dominio público. Creé un sitio web junto con mi amigo Pat O'Bryan. Condujimos a la gente al sitio de pelmanismo.

He aquí las buenas noticias. Éste es un curso que no escribí, es un anuncio que no escribí. Todo era de dominio público. Encontré ese material, lo convertí en un producto digital y lo puse *online*. El pelmanismo se convirtió en uno de mis mayores superventas de todos los tiempos. Vendimos decenas de miles de copias. La gente acudía al sitio web. Leían el anuncio sobre el pelmanismo, compraban el producto y Pat O'Bryan y yo nos repartíamos el dinero que entraba.

Aunque estés pensando: «No tengo ningún producto, ningún servicio», si investigas un poco, seguro que encuentras algo.

Te doy un consejo: cuando comiences a buscar un producto de dominio público, mira si puedes encontrar uno en tu área de interés. Realmente creo que seguir tu pasión es una de las formas más poderosas de atraer más dinero a tu vida. Si te apasionan las guitarras, busca un libro de dominio público sobre guitarras, tal vez del siglo XIX. Si te interesan los trucos de magia, hay muchos libros de dominio público del siglo XIX sobre magia y prestidigitación. Si te interesan las muñecas, la costura, la cocina, la curación o cualquier otro tema, puedes buscar libros de dominio público en cualquiera de esas categorías utilizando Google o el sitio web llamado Gutenberg.com. Puedes encontrar un producto de información que ni siquiera hayas tenido que escribir.

He aquí otro consejo para elevar tu pensamiento aún más arriba. Cuando encuentres algo que sea de dominio público, puedes hacer que sea más tu producto comentándolo. El libro *The Science of Getting Rich* de Wallace Wattles se publicó en 1910, por lo que es de dominio público. Dado que inspiró la película *El secreto*, mucha gente lo ha vuelto a publicar y puedes encontrar varias ediciones de dicho libro.

Un día entré en una librería y había una edición de *The Science of Getting Rich* de Wallace Wattles y otra persona. Esta otra persona lo reimprimió con sus propios comentarios. Esto hace que el libro sea único y mucho más valioso, y verdaderamente te aporta un producto propio.

Puedes coger esta idea y llevarla a cabo: P. T. Barnum, quien, como he dicho, era un genio del marketing, pronunció una conferencia que luego transcribió y publicó como un libro titulado *The Art of Money Getting*. Ha sido reimpreso varias veces. Dado que es de dominio público (Barnum murió en 1891), podría publicar una edición que dijera «*The Art of Money Getting*, por P. T. Barnum y el Dr. Joe Vitale». Dondequiera que Barnum hablara sobre uno de sus consejos o ideas, podría actualizarlo con una historia, una noticia o un comentario propios. Terminaría creando un producto de información completamente nuevo. Sería coautor con el gran P. T. Barnum.

Otro ejemplo: hay un libro de dominio público titulado *Thought Vibration*, de Walter Atkinson, publicado por primera vez en 1906. Es un libro maravilloso. Me encanta; es muy legible. Si quisiera utilizar esta estrategia, podría coger *Thought Vibration* y comentarlo, ampliar algunas de las cosas que dijo el autor e incluir mis pensamientos. Entonces se convertiría en *Thought Vibration*, de Walter Atkinson y el Dr. Joe Vitale.

Tú también puedes hacer lo mismo. Puedes hacer alguna o todas estas cosas. Acabo de darte un curso sobre cómo crear tu propio imperio de la información prestando atención a tus pasiones, intereses, habilidades y hobbies, e incluso yendo más allá para encontrar obras de dominio público que puedas volver a publicar y recrear. Aún puedes ir más allá hasta la coautoría con un autor muerto en un trabajo de dominio público en el que insuflas nueva vida. Se trata de formas poderosas y emocionantes de atraer más dinero de una manera apasionada.

ATRAYENDO EL TRÁFICO

Llegados a este punto, te estarás preguntando ¿cómo consigues tráfico a tu sitio web? ¿Cómo consigues que la gente se fije en tu página web para que puedan leer tu carta de ventas, comprar tu producto y enviarte dinero?

Ahora te voy a decir tres formas de generar tráfico que funcionan siempre.

La primero implica un obsequio. Mi amigo Pat O'Bryan en una ocasión se hallaba en apuros y endeudado; quería atraer dinero, pero no sabía cómo. Después de aprender los principios que te he expuesto aquí, creó su propio imperio en Internet.

Cuando Pat se me acercó por primera vez, había creado un libro electrónico titulado *Think and Grow Rich Workbook*. Le encantaba *Think and Grow Rich*, pero el libro (publicado por primera vez en 1938) era largo y prolijo, difícil de leer, seguir y entender. Necesitaba un libro de ejercicios, así que Pat creó uno.

Este libro fue una idea genial, muy acertada. Consistía en páginas con muchas preguntas y mucho espacio para escribir tus respuestas. Pat no reimprimió *Piense y hágase rico*. En vez de ello, se limitó a pensar: «Acabas de leer el capítulo 1 de *Piense y hágase rico*. ¿Cuáles son los puntos clave?» y te dejaba un poco de espacio para que escribieras tus respuestas.

Me encantó la idea. Pensé que era una herramienta de estudio útil. Creo que los libros de ejercicios son geniales. Pat se me acercó y me dijo:

—Quiero vender *Think and Grow Rich Workbook*. ¿Lo promocionarás en tu lista de contactos?

—No –le dije–. No creo que eso sea lo correcto. Estás empezando. Necesitas tu propia lista de contactos de correo electrónico. Sería más inteligente regalar el libro. Ahora –le expliqué–, no regalas el libro a cambio de nada, sino a cambio del nombre y la dirección de correo electrónico de una persona.

Mira cómo funciona esto. Luego diría a la gente de mi lista, o cualquiera le diría a la gente de su lista, que acababa de encontrar un nuevo producto de información extraordinario titulado *Think and*

Grow Rich Workbook. Es tuyo gratis. Todo lo que tienes que hacer es ir al sitio web de Pat. Allí le das tu dirección de correo y él te proporcionará el libro de ejercicios.

Así es como Pat desarrolló su propia lista de contactos desde cero, hasta conseguir seiscientos y finalmente seis mil nombres en unos pocos días. Probablemente, todavía esté creciendo.

Pat pudo sembrar el comienzo de su imperio regalando algo. He hablado antes sobre el marketing kármico. Quiero recordarte que, cuando das, tarde o temprano recibirás. Sólo hay que dar con el corazón abierto y expectante.

Pat decidió que regalar su libro electrónico era una buena estrategia para crear una lista de correo. Ésta es una manera de generar tráfico para tu sitio web. Regala algo. Puede ser conveniente regalar el primer producto de información que crees. Sé que al principio vas a dudar, porque quieres ganar dinero. Pat era igual. Hizo una pausa y pensó: «No, quiero vender el libro. De hecho, quiero ganar dinero con el *Think and Grow Rich Workbook*». Pero confió en mí y finalmente dijo:

—Probaré tu estrategia, tu método.

Ahora está muy contento de haberlo hecho, porque cuando tuvo su propia lista de correo electrónico, podía recurrir a ella cada vez que quería vender un nuevo producto. No tenía que preocuparse por generar tráfico, porque tenía tráfico estacionado en su propia lista. Al año siguiente sacó unos cuarenta productos más. Cada vez que sacaba uno, recurría a su lista. Comenzó a generar tráfico regalando algo.

El segundo paso para crear tráfico es informar a los propietarios de otras listas relevantes sobre tu producto. Esto se relaciona con el primer paso, porque Pat vino a mí. Soy propietario de una lista con decenas de miles de nombres; de hecho, tengo varias. Pat lo sabía, así que se me acercó y me dijo:

—Joe, si publicitas en tu lista mi *Think and Grow Rich Workbook*, les encantará el libro. Lo conseguirán gratis y tú te considerarás un héroe por haber encontrado este maravilloso boletín de noticias y este obsequio para los miembros de tu lista.

Eso es lo que tienes que hacer. Busca en Google otros propietarios de listas. Puedes sacar un producto de guitarra, esquí, *fitness*, un producto musical, de jardinería…, puedes encontrar tantas cosas diferentes que resulta asombroso. Las oportunidades son básicamente infinitas. Podrías escribir el tema en Google y buscar propietarios de listas. Estás buscando sitios web que aparecen cuando haces tu búsqueda en Google. Cuando encuentres el propietario de una lista adecuada para tu producto, le escribes y le dices: «Tengo este producto. ¿Estaría interesado en venderlo a su lista?». A continuación, si has hecho como Pat O'Bryan, puedes regalarlo para crear tu propia lista. Creo que es una estrategia brillante.

Si realmente quieres ganar dinero haciendo esto en la primera etapa, dile al dueño de la lista que tu producto aparece en ClickBank o en un sitio similar. Esto significa que pueden ser afiliados de tu producto. Un afiliado es como un vendedor comisionado. Cada vez que un afiliado vende tu producto, obtiene una parte de la venta. Si tu producto se vende por, pongamos, 30 dólares y has establecido una comisión de afiliado del 50 % (aunque es un poco alto), cada vez que alguien compre a través del propietario de la lista, el propietario ganará 15 dólares y tú ganarás otros 15. Éste es el motivo por el cual el propietario de una lista promocionará tu producto en su lista. Obtiene un beneficio a cambio.

Así pues, la segunda forma de dirigir el tráfico hacia tu sitio web es encontrar propietarios de listas e informarles sobre tu producto. Por supuesto, deseas encontrar propietarios relevantes: si tienes un producto para bebés, no quieres ofrecerlo a una lista para jubilados.

La tercera forma de enviar tráfico a tu sitio web consiste en informar a los grupos de noticias. Del mismo modo que hay listas para cada tema o nicho que se te ocurra, hay grupos. Nuevamente, debes acudir a la maravillosa herramienta Google, hacer clic en ella y buscar grupos. Podrías buscar «grupos de noticias de guitarra» o «foros de guitarra».

Déjame darte un consejo adicional. Otra forma de atraer tráfico a tu sitio web es enviar un comunicado de prensa. Muy pocas personas lo hacen. Los medios de comunicación están hambrientos de buenas historias. Cuando les dices que tienes un producto o un servicio, les ofreces una potencial historia con la que pueden contar. Soy un gran fanático de esto; en verdad, lo he hecho durante toda mi carrera. Es uno de mis propios secretos personales para conseguir el éxito. Envía un comunicado de prensa.

Hay un par de maneras de enviarlo. En primer lugar, un comunicado de prensa no es más que una hoja de papel, no es algo muy detallado, ni un artículo completo. Es el clásico quién, qué, cuándo, dónde y cómo. Básicamente, le estás dando al periodista un boletín de noticias, le estás indicando que posiblemente haya una historia aquí: mira esto.

El comunicado de prensa se puede enviar de dos maneras diferentes. Mi favorita es *online*. Puedes buscar en Google «servicios de distribución de comunicados de prensa» y aparecerán varios a los que puedes enviar comunicados de prensa. Algunos tienen ejemplos de comunicados. Tienen asesores en plantilla que pueden revisar el tuyo. Ésta es una forma.

La otra forma (y éste es un truco rara vez utilizado y poco conocido) consiste en obtener el directorio de medios de comunicación a partir de tu Cámara de Comercio local. Cada Cámara de Comercio en cada gran ciudad tiene una. Si vives en una ciudad pequeña, ve a la ciudad grande más cercana y pide a su Cámara de Comercio su directorio de medios de comunicación. Suele tener un precio módico (entre 15 y 50 dólares), rara vez más y lista todos los canales de noticias, las televisiones, las radios, los boletines de noticias, los servicios de distribución, por cable, por Internet, los sitios web... A continuación, envía tu comunicado de prensa allí donde te parezca relevante. Cuando publiquen tu historia, dirigirán tráfico a tu sitio web. ¿Por qué lo harán? Porque es un servicio para sus lectores.

Un ejercicio sobre propósitos comerciales

Para reunir todo esto, te propongo ahora un ejercicio sobre propósitos comerciales. Es posible que quieras hacerlo cuando te encuentres en casa, relajado. Estás sentado en una silla cómoda. El teléfono está desconectado. No estás revisando el correo electrónico. Nadie te va a molestar. Puedes centrarte en tu corazón y tus propósitos.

Supongamos que te estás relajando en una silla cómoda. Inspiras profundamente y espiras lentamente. Estás relajado. No tienes otro lugar adónde ir. Nada más que hacer. Puedes tomártelo con calma ahora mismo y concentrarte en ti.

Fíjate en tu respiración: es lenta y relajada. Estás siguiendo las inhalaciones y las exhalaciones.

Mientras te relajas y dejas que tu mente se ordene, piensa en tus cinco cosas favoritas para hacer. Podrían ser cinco hobbies o pasatiempos. Pueden ser cinco cosas que haces cada día o cada semana. Simplemente, deja que se generen en tu mente, sin críticas ni juicios. Da la bienvenida a cualquier imagen, cualquier palabra, cualquier pensamiento. Puedes escribirlas o simplemente dejarlas flotando en tu conciencia.

A medida que estas cinco o seis cosas te vengan a la mente, fíjate en si una de ellas parece más divertida, más emocionante o enérgica que las otras. Sea lo que sea, ponla al principio de la lista. Deja que venga el primer nivel de tu mente. Si tienes dos cosas que parecen tener el mismo poder y energía, deja que ambas lleguen a la cima de tu conciencia.

Te invito a que consideres si hay algún negocio en uno o dos de esos hobbies o pasatiempos que te hayan venido a la mente. ¿Te puedes imaginar convertirlo en un producto de información, en algo que ayude a otras personas a comprender ese hobby o esa pasión? Incluso puedes ser creativo e intentar combinar uno, dos o tres más. ¿Y si combinas el primero con el segundo? ¿Qué pasa si combinas el primero con el quinto? Ésta es una maravillosa manera de amoldar la mente y pensar en algo completamente nuevo y creativo, algo que quizás nunca se haya hecho antes.

De nuevo, no juzgues este proceso. Deja que surjan las ideas. Si quieres, puedes escribirlas o pensar cómo las podrías desarrollar. Por ejemplo, aquella chica que no tenía ni idea de qué hacer para ganar dinero recordó que aprendió a tocar la guitarra por su cuenta durante un fin de semana. Terminó atrayendo muchísimo dinero. Tal vez tengas un hobby del que otras personas puedan aprender. No tienes que ser un maestro en él; todo lo que tienes que hacer es estar familiarizado con él. Tal vez introduzcas un nuevo cambio, un pequeño giro al hobby. Quizás hayas vinculado ese primer hobby a un segundo o a un tercero y hayas creado una nueva manera de practicarlos, o tal vez incluso hayas pensado en un hobby completamente nuevo. No importa. En este momento, sólo te estás permitiendo aceptar nuevas posibilidades.

Ahora deja que estas cosas fluyan fuera de tu conciencia por un instante. Comienza a jugar con la posibilidad de tener más dinero del que podrías gastar. ¿Cómo sería estar en un lugar en el que has comprado todas las casas, los coches, la ropa… que quieres, Has hecho todos los viajes que quieres. Ahora estás aquí sentado, relajándote, sintiéndote maravilloso. Has donado dinero a causas justas, has construido todo lo que has querido, has comprado los juguetes que deseabas, has pagado todas las facturas. Eres libre y financieramente saneado para hacer lo que quieras. ¿Qué vas a hacer después? ¿Qué te resultaría divertido? Cuando tengas todas las facturas pagadas y el dinero sea ilimitado, ganándolo a un ritmo que nunca podrás gastar, ¿qué harás en términos comerciales? ¿Abrirás algún negocio? ¿Harás algo que esté relacionado con uno de los hobbies que tenías en mente hace un momento? ¿Qué harías si no te preocupara ganar dinero?

Es posible que desees tomar nota de tu respuesta mentalmente y escribirla más tarde. Por unos momentos, quiero que instales en tu mente la sensación de que todas las facturas están pagadas, el dinero te llega de manera fácil y sin esfuerzo, nunca puedes quedarte sin él, tienes todo lo que quieres y puedes hacer todo cuanto deseas. Puedes hacer algo que valga la pena en tu negocio y en tu vida, y siempre tendrás éxito.

¿Cómo se siente? Siéntelo en tu cuerpo ahora mismo. Tal vez ancles esta maravillosa sensación juntando el pulgar y el índice durante un minuto, y apretando y soltando. Una vez más, pregúntate: «Ahora que tengo todo el dinero del mundo, he atraído más dinero de lo que creía, ¿qué quiero hacer para atraer aún más?».

Siente esta maravillosa y completa sensación, intégrala en tu cuerpo. De nuevo, fíjala juntando el pulgar y el índice, y apretándolos un momento. Luego suéltalos. Haz una respiración profunda. Recuérdate que estás en esta habitación y en esta silla.

Reflexiona sobre todas las respuestas que acabas de obtener. Escríbelas tan rápido como puedas. Gracias a este ejercicio, has descubierto tus propósitos comerciales, tu idea para hacer dinero. Aplícalos cuando te apetezca.

Estoy muy emocionado por ti. Hemos vivido toda una aventura para llegar al punto en el que conoces el secreto para atraer dinero. No quiero terminar aquí, sino empezar aquí. Tengo una frase; es mi lema. Es del latín del siglo XVI: *«Aude aliquid dignum»*. Significa: «Atrévete a algo digno». No quiero que sólo te quedes sentado y pagues tus cuentas, sino que vayas más allá, que abras un negocio, que te conviertas en un emprendedor que gane el dinero más que suficiente como para hacerse cargo de todas sus facturas, de todos sus sueños y sus deseos. Quiero que ayudes a tus amigos, a tu familia, a tu comunidad y al mundo en general. Quiero que te atrevas a hacer algo meritorio y que marques diferencias en este mundo, en tu vida, en el planeta, en todos a los que toques.

Quiero que hagas algo ahora, que te pongas de pie, que pases a la acción. Quiero que te des cuenta de que el dinero ama la velocidad.

Has obtenido ideas, inspiración, herramientas, técnicas. Has obtenido estrategias, métodos de todo lo que he compartido a lo largo de este libro. Ahora depende de ti. Tienes que pasar a la acción. Si te quedas ahí sentado y no haces nada, tu vida será la misma mañana. Debes actuar ahora. Piensa diferente. Actúa diferente. Comienza ahora mismo. Atrévete a hacer algo meritorio. Creo en ti. Te he dado todo lo que sé sobre cómo atraer dinero. Ahora sólo depende de ti pasar a la acción. Cuando lo hagas, atraerás dinero a niveles asombrosos.

SIETE
LAS DIEZ LECCIONES DE NEGOCIOS MÁS IMPORTANTES

En este capítulo final, te quiero hablar sobre las diez lecciones de negocios más importantes que he aprendido. Son lecciones que te ayudarán a atraer dinero. Ayudan a explicar el secreto para atraer dinero a tu vida.

1. DATE UN DESCANSO

La lección número uno es darte un respiro. He pasado por momentos muy difíciles a lo largo de mi vida. Llegué a ser un sintecho. Pasé apuros. Me moría de hambre. Atravesé largos períodos sin trabajo e indecisión, en lo que sentía que nada funcionaba. ¿Dónde estaba el dinero? ¿Dónde estaba mi trabajo? ¿Me van a salir bien las cosas? ¿Cuándo me van a publicar de una vez?

Como quería ser escritor, seguí luchando, queriendo, deseando hacer realidad ese sueño. En un momento dado, me di cuenta de que tenía que parar y perdonarme. Tuve que parar y decirme: «Joe, lo estás haciendo lo mejor que puedes». Creo que eso es cierto para todos nosotros. Tal vez hayas pasado apuros en el pasado, tal vez los estés pasando ahora. Sea como sea, date un respiro. Perdona, suelta y crece.

Ésta es una de las lecciones más importantes, porque si arrastras el pasado, no podrás crear el futuro que deseas. La energía que utilizas para cargar ese equipaje en tu sistema de energía emocional te impide liberarlo para atraer dinero a tu vida en este momento. Tienes que perdonar, soltar y crecer.

2. HIPNOSIS

La lección número dos es sobre la hipnosis. Ésta puede ser sutil, pero es una herramienta poderosa. Soy hipnoterapeuta y he dado charlas en el National Guild of Hypnotists[1] varias veces a lo largo de los años. He escrito *Hypnotic Writing* y un libro titulado *Buying Trances*, así que sé sobre el poder de la mente. Conozco el poder del trance.

De lo que te tienes que dar cuenta aquí es que todos nosotros estamos en un trance cultural. Estamos en trance, que es una mentalidad, un sistema de creencias que se ha instalado en nosotros durante décadas desde que éramos niños. Nacemos en la etapa de sentirnos como una víctima. Descargamos toda esta información de familiares, amigos, sistemas escolares, medios de comunicación, religión, gobierno (todo lo que nos rodea) sobre cómo funciona el mundo. No es necesariamente exacto. Cuando te despiertas de esta mentalidad de víctima y pasas a una de empoderamiento, empiezas a atraer más dinero a tu vida, porque posees más poder y más energía para tomar nuevas decisiones.

La hipnosis me ha ayudado a darme cuenta de que todos estamos en trance de uno u otro tipo. Si quieres estar en el trance de atraer dinero, tienes que despertar del trance de escasez. Yo lo he hecho, y tú también puedes.

3. LOS GESTOS MÁS PEQUEÑOS TIENEN EL PESO MÁS GRANDE

Lección número tres: los gestos más pequeños tienen el peso más grande. Me las he apañado para salir en el programa de Larry King dos veces; he salido en *Big Idea,* de Donny Deutsch, en la CNBC, luego he participado en varias películas, incluida *El secreto,* y una gran parte del

---

1. Fundado en 1951 y con sede en Merrimack (New Hampshire), el National Guild of Hypnotists (Gremio Nacional de Hipnotistas) es una organización internacional sin fines de lucro para hipnotizadores consultores profesionales. Es la organización de hipnotismo más antigua y grande del mundo, y establece estándares profesionales para la práctica y los servicios hipnóticos. *(N. del T)*

mérito es porque hice pequeñas cosas. Pude darle a alguien un libro, que luego se lo entregó a un productor, lo cual fue motivo de una llamada telefónica. Pero cuando hice el pequeño gesto, no fue para conseguir que pasara algo, sino que salió de mi corazón. Hice algo porque mi corazón decía: «Haz esto». Di algo porque mi corazón decía: «Da esto». Esto provocó una onda en el universo que volvió a mí. Creo que ésta es una lección sobre cómo apreciar nuestra propia intuición, actuar según nuestros propios impulsos internos y confiar en que llegarán a algún lugar profundo. Los pequeños gestos que ofreces en este momento pueden ser la palanca que active tu capacidad para atraer más dinero.

4. AGRADECIMIENTO

La lección cuatro tiene que ver con el agradecimiento. Creo firmemente que cuando agradeces lo que tienes, recibes más. Cuando estás en este momento, sintiendo gratitud, elevas tu señal vibracional para atraer más cosas por las que sentirte agradecido.

Esto no es complicado. Cuando estás en este momento y agradeces lo que está pasando, te sientes mejor, más ligero, más feliz. Cuando aprecias cualquier cosa con sinceridad genuina en este momento, atraes nuevas experiencias por las que estar agradecido. Lo que consigas en los próximos momentos se basará en lo que sientas en este instante. Hace poco leí un estudio que decía que tu mente inconsciente hace cosas en tres días, lo que significa que lo que sientes ahora generará una respuesta dentro de tres días.

Cuando eres consciente de este hecho, empiezas a ser muy consciente de cómo piensas, crees e irradias. La lección número cuatro va de apreciar el momento, sentirse agradecido en este instante, vivir la esencia del momento, «estar aquí ahora», cuando nada más importa y nada más es posible. Cuando te sientas agradecido en este momento, dentro de tres días, o dentro de unos momentos, tendrás aún más cosas por las que sentirte agradecido. Ésta es una lección poderosa.

5. APRENDE DEL PASADO

Lección número cinco: no te apoyes en el pasado; aprende de él y continúa. No se trata sólo de soltar, sino de aprender de la experiencia. He intentado muchos negocios, algunos de los cuales no funcionaron. No funcionaron como esperaba. Cuando no funcionan, en ese momento podría percibirse como un fracaso. Pero si ves que un fracaso es, en realidad, una oportunidad para hacer algo diferente, puedes aprender de él y seguir adelante, adaptándote sobre la marcha. Al hacerlo, atraes un dinero que nunca pensaste que aparecería. El pasado puede enseñarte muchas cosas, pero no permanezcas encerrado en él.

6. ENCUENTRA TU VOZ

Lección número seis: encuentra tu voz y di tu verdad. Ésta es otra gran lección y oportunidad para ganar dinero. Hace mucho tiempo, escribí un pequeño cuadernillo titulado *Spiritual Marketing*. Fue revisado y vuelto a publicar como *The Attractor Factor*, que está vivo y coleando. Es el libro que me llevó a *El secreto*, de él se ha reeditado una segunda edición y sigue siendo un éxito de ventas, está yendo muy bien. Pero todo comenzó con un pequeño cuadernillo titulado *Spiritual Marketing*.

Aquí viene lo gracioso del asunto. Tenía miedo de lanzar *Spiritual Marketing*. Tenía miedo de que el mundo me juzgara como una persona demasiado metafísica. En ese momento, la American Marketing Association y la American Management Association (organizaciones muy grandes y conservadoras) me publicaron algún título y no quería dañar mi reputación con un cuadernillo titulado *Spiritual Marketing*.

Sin embargo, lo logré, gracias al apoyo de mi amigo Bob Proctor. Ese libro tocó la fibra de la gente, y cientos de personas lo quisieron de inmediato. Empecé a regalarlo como un libro electrónico. Inmediatamente, millones de personas se lo descargaron. Más tarde se publicó como *The Attractor Factor* y tuvo un gran éxito.

Al principio no quería publicar *Spiritual Marketing*; tenía miedo. Aquí está la gran lección: cuando te enfrentas a tus miedos, a menudo atraes una gran riqueza. Esto es parte de encontrar tu voz y decir tu verdad. Cuando me di cuenta de que *Spiritual Marketing* salía directamente de mi corazón, que era una parte importante de mi misión en la vida, respiré hondo y dije: «Me enfrentaré a mis miedos y publicaré este libro». Por supuesto que tuve apoyo para lanzarlo. Cuando salió y me enteré de que se estaba convirtiendo en un superventas y *The New York Times* escribió al respecto, supe que había hecho lo correcto.

Sin embargo, muchas personas no actúan debido a su miedo. Una de las grandes lecciones es enfrentarte a tus miedos, actuar según tus deseos, encontrar tu voz y decir tu verdad. Cuando lo haces, desbloqueas la caja fuerte para ayudarte a atraer más dinero.

7. EL MUNDO ES UN LUGAR MARAVILLOSO

La lección número siete es darse cuenta de que el mundo es un lugar benévolo, compasivo y maravilloso. El único motivo por el cual no tienes la mayor parte de las cosas que quieres, eres tú. Eso no es motivo de reproche o culpa; significa que tu situación financiera se debe a la programación inconsciente que hay dentro de ti.

Obviamente, no has sido consciente de lo que sucede en tu inconsciente, por lo que no puedes culparte. No puedes condenarte a ti mismo por dónde te encuentras en este momento. Pero puedes despertar. Puedes despertar para darte cuenta de que este mundo es un lugar cariñoso y que lo divino está intentando bendecirte con todas las cosas que deseabas, incluso con más de las que jamás has imaginado. Sólo tienes que dejar que ocurra.

He pasado décadas trabajando en mí mismo. Es la única forma en que pude pasar de ser un sintecho a un multimillonario. He buscado de manera constante e implacable mi propio desarrollo personal, y todavía hoy lo sigo haciendo. Tú también puedes. Cuando te detienes y te das cuenta de que el universo quiere que tengas éxito, que te está bendiciendo y amando en este momento, y comienzas a contemplar esa posibilidad, abres el cambio. Te abres a recibir dinero.

8. TIENES MÁS PODER DEL QUE CREES

La lección número ocho es una lección avanzada. Es darte cuenta de que, aunque no tienes el control total del universo, tienes más poder del que jamás habías sospechado.

Muy a menudo hablo de las cuatro etapas del despertar. La primera es el victimismo. En el victimismo, la gente echa mucho las culpas: hasta su muerte, su vida es culpa de todos los demás.

Cuando aparece algo como este libro, puedes avanzar hacia el empoderamiento. El empoderamiento es un lugar mucho más maravilloso, energizante y feliz en el que estar.

Hay dos etapas más después del empoderamiento. La tercera consiste en despertar a la idea de que existe un poder superior. Yo lo llamo «lo divino». Puedes rendirte a lo divino y trabajar con él para crear más en tu vida de lo que jamás creíste posible, incluso atraer más dinero. Éste es un paso increíble. Es una lección asombrosa. La mayoría de nosotros tratamos de dirigir nuestras vidas por nuestro ego y las llevamos a la ruina, pero puedes entregar tu vida a un poder superior y tomar la dirección de ese poder. Entonces, realmente, puedes tener una vida maravillosa de sorpresa y asombro momento a momento, incluyendo atraer más dinero.

9. CREA UN ESPACIO PARA TI

La lección número nueve es que crees un espacio para ti. Tienes que crear tiempo, de inactividad, de relajación. Como he dicho, casi todas las noches me meto en el jacuzzi y me relajo. Permanezco bajo las estrellas de Texas, miro hacia el cielo y digo: «Gracias. Gracias por mi vida». No tienes que esperar a estar metido en un jacuzzi para decir esto, sino que puedes empezar a decirlo ahora mismo. Puedes comenzar diciendo: «Gracias por donde estoy. Gracias por mi vida. Gracias por este libro».

También comienzas a sacar tiempo para ti mismo: tiempo de meditación, descanso y relajación. Esto es importante. Te mantiene en forma para que puedas seguir adelante y crear y atraer más dinero, más riqueza, más cielo en la Tierra.

10. EL GRAN MISTERIO

Finalmente, la lección número diez es que hay un gran misterio que orquesta nuestro mundo. En realidad, ésta es la cuarta etapa del despertar, cuando te das cuenta de que te has fusionado y estás en armonía con lo divino. Como dijo Shakespeare, «El mundo es un escenario, / Y todos los hombres y mujeres son meros actores».

Empiezas a bailar con ese misterio, y te asombras. En ese punto del despertar, ya sea que quieras atraer más dinero o no, miras a tu alrededor y te das cuenta de que tu vida es sobrecogimiento momento tras momento. Cuando realmente sientes este momento tras momento misterioso, mágico y milagroso, comienzas a atraer algunas de las cosas que habías anhelado durante más tiempo, incluido más dinero.

Éstas son diez de las lecciones más importantes que he aprendido sobre cómo atraer más dinero. Cuando echo la vista atrás, recuerdo que pasé por momentos en los que no quería correr el siguiente riesgo. No quería dar el paso siguiente. No quería publicar el siguiente libro, lanzar el siguiente proyecto o abrir otro negocio. No quería hacerlo porque tenía miedo. Tenía miedo de que pudiera hacerme perder dinero en lugar de ganarlo, de que pudiera avergonzarme en lugar de proporcionarme éxito.

Estoy muy contento de haber asumido riesgos, de haber dado los siguientes pasos. Me ha ayudado a aprender, a crecer, a ser más rico, a llegar al lugar donde puedo compartir estos conocimientos contigo.

Te animo a que hagas algo meritorio en tu propia vida, a que te enfrentes a los miedos, a que corras riesgos, a que aprendas de todos los pasos que das, porque al final de este camino, y a lo largo del viaje, se encuentran las experiencias más maravillosas que jamás tendrás o que jamás te habrías imaginado, pero tienes que dar el siguiente paso. Tú decides.

Yo me alegro de haberlo hecho. Me encuentro en un lugar mucho más grande, más pacífico, financieramente más abundante y feliz en mi vida, y todo ello también se encuentra a tu disposición. Es tu turno.

SOBRE EL AUTOR

El Dr. Joe Vitale es un autor de fama mundial, gurú del marketing, personalidad del cine, la televisión y la radio, músico y uno de los 50 mejores oradores inspiradores del mundo.

Ha escrito numerosos superventas, algunos de los cuales se han traducido al castellano: *El poder de la atracción*, *La llave*, *Cero límites*, *El coach del éxito*, *En el cero*, *La plegaria secreta* y *El milagro: los seis pasos hacia la iluminación*.

También ha grabado numerosos programas de audio superventas, como *The Missing Secret*, *The Zero Point*, *The Power of Outrageousness Marketing* y *The Awakening Course*.

El Dr. Vitale, un popular y destacado experto en la ley de la atracción en muchas películas taquilleras (como *El secreto*), descubrió el «secreto perdido» no revelado en el film. Ha participado en el programa de Larry King, *Larry King Live* y en *The Big Idea*, de Donny Deutsch, así como en diversos otros programas de las principales cadenas estadounidenses: CNN, CNBC, CBS, ABC y Fox. También ha aparecido en *The New York Times* y *Newsweek*.

Uno de sus logros más recientes incluye ser el primer cantautor de autoayuda del mundo, como recoge la revista *Rolling Stone* de 2012. ¡Hasta la fecha, ha lanzado diecisiete álbumes! Varias de sus canciones fueron reconocidas y nominadas al Posi Award, considerado como «Los Grammy de la Música Positiva».

Conocido no sólo como pensador, sino también como sanador, puesto que elimina las creencias limitantes de las mentes subconscientes de las personas, el Dr. Joe Vitale también es un auténtico practicante de *Ho'oponopono* moderno, sanador certificado de Reiki, practicante certificado de Chi Kung, hipnoterapeuta clínico certificado, practicante certificado de programación neurolingüística (PNL), ministro ordenado y doctor en ciencias metafísicas.

Joe Vitale es un buscador y un aprendiz. Sin hogar en una época de su vida, ha pasado las últimas cuatro décadas aprendiendo a dominar los poderes que canalizan la energía creativa pura de la vida sin resistencia, y ha creado los programas Miracles Coaching® y Zero Limits Mastery® para ayudar a las personas a lograr sus propósitos en la vida. Vive en Austin (Texas).

Su dominio es www.MrFire.com.

ÍNDICE